LA SVPERSTITION DV TEMPS,

Reconnuë aux Talismans, figures Astrales, & statuës fatales.

Contre vn Livre Anonyme intitulé

LES TALISMANS IVSTIFIEZ.

AVEC LA POVDRE

DE SYMPATHIE

soupçonnée de Magie.

Par le R. P. F. FRANÇOIS PLACET, *Religieux de l'Ordre de Premonstré, & Prieur de Bellozanne.*

A PARIS,
Chez la Veufve GERVAIS ALLIOT, & GILLES ALLIOT, Libraire Iuré, ruë S. Iacques, à l'Image S. Norbert, proche S. Yves.

M. DC. LXVIII.
Avec Approbation & Permission.

A TRES-HAVT, TRES-PVISSANT, ET TRES-ILLVSTRE PRINCE

MONSEIGNEVR CHARLES D'ORLEANS

COMTE DE S. POL, &c.

ONSEIGNEVR,

L'Ouvrage que ie presente à Vostre Altesse, est la refuta-

tion d'une doctrine superstitieuse qui renouvelle l'idolâtrie, sous des promesses pleines de vanité; & qui pour cacher le nom d'Idole, qui seroit en horreur à tous les fideles, employe celuy de Talisman, qui signifie la mesme chose. L'Auteur cependant croit rendre un service signalé au public, dans le debit de ses caracteres, assurant que tous ceux qui auront confiance en ses simulachres, en receuront des avantages merveilleux: Et pour attirer tout le monde à son party, il promet les grandes richesses aux Liberaux; l'amour du Prince aux

Courtisans; la Victoire aux Capitaines; les dignitez à ceux qui ayment l'honneur; la sagesse & la prudence aux Politiques; la science & l'intelligence aux esprits Nobles ; & le bon-heur inseparable de toutes les entreprises d'un genereux.

En verité, MONSEIGNEVR, *quoy que ces promesses soient trompeuses dans les Talismans, elles ne laissent pas d'estre charmantes: parce que les avantages qu'elles proposent, rendent illustres les sujets où ils se rencontrent: Aussi faut-il avoüer, qu'ils sont extrémement rares dans les hommes, les plus fa-*

vorisez s'estiment heureux d'en posseder quelques-uns ; & l'on ne pourroit pas croire qu'il s'en trouvast un seul qui les possedast tous, si V. A. n'estoit connuë ; Mais depuis qu'elle a paru à la Cour, & que nostre Auguste Monarque (qui sçait si bien donner le prix aux merites de ceux qui ont l'honneur d'approcher de sa Majesté) a le premier fait estime de vos vertus : tous les autres vous regardent comme leur miroir, & vostre haute naissance, iointe à toutes les belles qualitez qui peuvent relever un Prince, les oblige à croire que vous *estes celuy, où l'Art & la Nature ont travaillé avec soin, & se sont épuisez avec plaisir.*

Ils admirent que V. A. commence par où les plus heureux ont peine d'achever, & iugeans de l'avenir par ce qui paroist dans ses commencemens, ils croyent qu'elle surmontera un iour toute la gloire de ses Ancestres.

A n'en point mentir, MONSEIGNEVR, *il n'est point difficile de faire cét augure, parce que vos inclinations sont si genereuses, vos sentimens si nobles, vostre esprit si brillant, vostre iugement si solide, &*

vostre conduite si admirable, que l'esperance de vostre future grandeur se rend sensible contre sa nature; & quoy que l'avenir soit toûjours incertain, vostre merite ne permet point qu'on doute de ce qu'il promet.

Ce n'est pas pourtant, MONSEIGNEVR, *que V. A. ne trouve dans ses Ancestres les plus illustres modeles de la vertu & de la valeur qui soient dans tous les Princes du monde: Et elle peut imiter Alexãdre le Grand en ce poinct, qui au commencement de ses proüesses, portoit l'image d'Hercules, pour estre excité par ce caractere, aux actions genereuses de ce fameux Heros: mais sur la fin connoissant qu'il avoit plus de gloire que tous les Conquerans qui l'avoient precedé, il quitta le tableau d'Hercules pour prendre le sien propre. Ainsi,* MONSEIGNEVR, *V. A. trouvera au commencement des exemples tres-illustres aux Princes de la Maison de* CONDE', *& à ceux de la Maison de* LONGVEVILLE.

Te pater Æneas & avunculus excitat Hector. *Virg. Æneid*

Mais enfin, ne trouvant plus de patron plus parfait qu'elle-

mesme: elle sera contrainte d'achever sans modele, & d'encherir sur les vertus de tous ses Ancestres. Et de cela, MONSEIGNEVR, *personne n'en peut douter, aprés le haut fait d'armes qu'on a veu faire à V. A. en la prise de Tournay: Car quel sujet d'estonnement aux plus grands Capitaines, de voir un ieune Prince fondre comme un éclair sur les Ennemis, de sarmer un Chef à la teste de son Bataillon, & mettre la terreur en toutes ses troupes?*

Ces rares qualitez, MONSEIGNEVR, *qui surpassent infiniment tous les avantages que les Talismans promettent, me donnent la liberté d'adresser cét Ouvrage à Vostre Altesse, parce qu'elles sont des preuves autentiques de la vanité des Caracteres, en faisant voir à tout le monde, qu'il n'y a que le Ciel & la Nature qui puisse rendre un Prince accomply, & que l'artifice des Magiciens ne peut concevoir que des mensonges, & enfanter que des illusions.*

Souffrez donc, s'il vous plaist, MONSEIGNEVR, *que i'oppose aux Caracteres superstitieux de l'Auteur, les caracteres innocens de vos vertus; que ie détruise l'erreur & la superstition, en vous rendant mes hommages, & que ie fasse triompher la verité, en me disant avec tout respect,*

MONSEIGNEVR,

De Vostre Altesse,

Le tres humble, tres-obeïssant, & tres-fidele serviteur,

F. FRANÇOIS PLACET.

APPROBATIONS des Docteurs.

NOvs soussignez Docteurs en Theologie de la sacrée Faculté de Paris, avons leu l'Ouvrage, composé *par le R. P. F.* FRANÇOIS PLACET, *Religieux de l'Ordre de Premonstré*, contenant deux Livres, dont l'un est intitulé, *La Superstition du Temps reconnuë aux Talismans, figures Astrales, & statuës fatales*, contre un Livre Anonyme intitulé, *Les Talismans iustifiez*. Et l'autre, *La Poudre de Sympathie soupçonnée de Magie*, cõtre un Livre intitulé, *La Poudre de Sympathie iustifiée & victorieuse*. Dans lequel Ouvrage nous n'avons rien trouvé qui fust contraire à la Foy Catholique, Apostolique & Romaine, qui le puisse empescher d'estre mis en lumiere. Fait à Roüen ce 12. iour de Fevrier 1667.

Signé, F. LOVIS DE L'ARGILLE, *Prieur des Carmes de Roüen.*

F. E. TVBOEVF, *Religieux Carme, & Souprieur du Convent de Roüen.*

PERMISSION DU R. P. General.

VEu par Nous les Approbations des Docteurs cy-dessus, avons permis & permettons à *Frere François Placet, Religieux de nostre Ordre, & Prieur de l'Abbaye de Bellozanne*, de faire imprimer l'Ouvrage qu'il a composé contre les Talismans, & la Poudre de Sympathie. Donné en nostre Abbaye de S. Yved de Braine, le 9. de May 1667.

F. AUGUSTIN LE SCELIER *Abbé de Premonstré & General de l'Ordre.*

AU R. P. PLACET,

Sur ſa Réponſe à l'Auteur des Taliſmans.

SONNET.

CE fut un Taliſman fatal à bien du monde,
Que celuy dont Satan abuſa nos parens,
Sous ombre d'arriver à des biens apparens,
Il creuſa pour les perdre une foſſe profonde.

L'erreur en noſtre Siecle eſt encore bien feconde,
L'Auteur Taliſmanique avec ſes adherans
Augmente dans nos iours le nombre des Errans;
Mais c'eſt ſur un roſeau que ſon ſçavoir ſe fonde.

Vn PLACET *mieux fondé détruit*
ses fondemens,
Et renverse l'erreur par ses raisonnemens:
Tout plaît en son écrit, tout rit en son Ouvrage:

Ce PLACET *est offert à tous les beaux Esprits.*
O vous qui composez ce docte Areopage,
Si vous luy faites droit, il doit gagner le prix.

Presenté par son serviteur

FR. CHRYSOLOGVE.

PREFACE

IL y aura un temps, disoit Saint Paul à Timothée, où les hommes ne pouvans supporter qu'on leur annonce une saine doctrine, & laissans les veritez pour les fables, feront un amas de Maistres qui suivent leurs inclinations corrompuës, qui chatoüillent leurs oreilles par des discours pleins de vanité, & leur donnent de nouveaux poisons, au lieu de leur donner des remedes : Veille donc continuellement pour n'estre point surpris.

2. ad Timot. c. 3.

Ie commence par ces paroles de Saint Paul, pour insinuer d'abord cette croyance au Lecteur, que le Livre que i'entreprens de refuter, est plein d'une doctrine qui a toutes les mauvaises qualitez que l'Apostre nous marque dans ce passage, car il ne contient aucune verité: au contraire, il est remply de fables & de superstitions dangereuses, qui neanmoins chatoüillent les oreilles, sous l'écorce d'un discours assez poly, & sous des promesses pleines de vanitez, qui empoisonnent les Ames de ceux qui s'arrestent à de semblables folies.

Cependant il y a un nombre incroyable de personnes qui embrasse ce party, dans l'esperance de ioüir des avantages que les Talismans promettent, veu qu'il n'y a point de condition parmy les hommes, au dire de l'Auteur, qui ne ſe puiſſe flatter de recevoir de grands biens des caracteres.

Par exemple, un General d'Armée mettra tous ſes Ennemis en déroute, ſans hazarder un combat douteux, & ſes Soldats auront l'avantage de pourſuivre des fuyards qui n'oſeront tourner viſage pour leur faire teſte, tant la frayeur dont ils ſeront ſaiſis ſera grande. Un Courtiſan avec l'image du Soleil, ſe conciliera les bonnes graces du Prince, & obtiendra toutes les faveurs qu'il pourra ſouhaiter. Les Ioüeurs gagneront au jeu tout ce qu'ils voudront, avec une medaille de Mercure. Les Marchands s'enrichiront en moins de rien; & il n'y a pas iuſques aux Coupeurs de bourſes, qui ne puiſſent voler ſubtilement avec le meſme caractere. Les Dames avec l'image de Venus augmenteront leurs beautez, & leurs attraits seront si puissans, que les hommes n'y pourront resister. Les Malades seront gueris de tous maux, & les Gouteux verront leurs douleurs appaisées par le pouvoir merveilleux des Talismans.

Ne faut-il pas avoüer que cette doctrine est charmante, & que si elle estoit autant innocente qu'elle est superstitieuse, & que les effets pussent suivre ses promesses, qu'elle meriteroit d'avoir tous les hommes pour sectateurs? mais à la verité ce n'est que folie. Et l'on peut comparer ce Traité des Caracteres iustifiez, aux sepulchres blanchis, dont parle l'Ecriture, qui ont belle apparence au dehors, & qui ne sont que pourriture & puanteur au dedans: ou bien à cette statuë de Nabuchodonosor, qui faisoit montre d'une belle teste dorée, mais qui n'avoit que des pieds de terre. C'est pourquoy pour en empescher le progrez, il faut lever la superficie specieuse de ces sepulchres blanchis, & en faire exhaler la puanteur & l'infection interieure qui causera de l'horreur aux plus libertins. Il faut frapper ce Colosse en son argille, & reduire en poudre cette statuë qui leve la teste tout en or.

Pour ce sujet ie feray voir en premier lieu, que les Talismans n'ont pas esté revelez à nostre premier pere, avec les autres connoissances des choses naturelles ; mais qu'ils ont esté inspirez du Demon aux Idolâtres, & aux Sorciers.

Ie montreray clairement, que les Caracteres ne sont que des Esprits de tenebres liez aux images & aux figures.

Ie découvriray le pacte fait en-

tre les Diables & les Magiciens;
& pour mieux convaincre l'Auteur, ie me seruiray de ses armes
contre luy-mesme, faisant parler
le grand Hermes à son desavantage, en appointant contre sa doctrine, celuy qu'il en fait le ga-
rand.

Ie feray connoistre l'absurdité
de la figure Talismanique, en sorte que la superstition y sera re-
marquée par les plus stupides.
L'observation de l'heure & de la
constitution du Planete pour faire
le Talisman, sera convaincuë de
vanité, & condamnée comme erronée par la Faculté de Paris.

Ie découvriray les fallaces &
les syllogismes captieux de l'Auteur, faisant voir à toute la Terre, que ce grand cerveau qui met
tous les doctes & les Docteurs au
mépris, se trompe dans les plus
communs principes de la Philoso-

phie. C'eſt choſe étonnante des iniures atroces qu'il vomit contre tous ceux qui n'adherent pas à ſes ſentimens, & il ne doit pas trouver mauvais qu'on reiette contre luy avec iuſtice, ce qu'il dit des autres ſans raiſon.

I'oppoſeray à ſes illuſions de puiſſans raiſonnemens fondez ſur les plus nobles maximes de la Philoſophie, & de la Theologie. Enfin, ie dépoüilleray l'Apologiſte de tous ſes Auteurs, qui quitteront meſme ſon party pour prendre les armes contre luy; ou bien ils aduoüeront que leurs Taliſmans viennent d'un pacte fait auec le Diable.

Mais comme en attaquant le menſonge, ie me puis tromper moy meſme, ie ſoûmets ces écrits, toutes les penſées, & toutes les paroles qui y ſont contenuës, à la Censure de nostre Mere sainte Eglise, de qui ie veux viure & mourir tres humble, & tres-obeïssant fils.

LA

LA SVPERSTITION DV TEMPS,

Reconnuë aux Talismans, ou figures Astrales.

L'ORIGINE DES Talismans.

CHAPITRE I.

'Avoüé avec l'Auteur qu'à la naissance du Monde nostre premier pere étoit comme un beau Soleil revestu des lumieres de toutes les connoissances qui pouvoient satisfaire & recréer son entendement ; qu'il connoissoit parfaitement la nature & les proprietez de toutes choses ; qu'il sçavoit le pouvoir des Astres, les influences des Planettes, & le mélange des Elemẽs, qu'estant le seigneur absolu & souverain de toutes les Creatures corporelles, il devoit en avoir la connoissance parfaite : Et ainsi je luy accorde tout ce qu'il dit à l'avantage du premier homme pour le regard de la science innocente qui luy fut infuse dans le Paradis terrestre. Mais la science des Talismans estant diabolique, il est tres-faux qu'elle ait esté inspirée au Chef des humains.

L'Apologiste est tres-abondant en paroles, suivant l'esprit de ceux qui defendent une mauvaise cause, qui n'ayant point de raisons, tâchent de faire glisser le venin de leur pernicieuse doctrine sous l'écorce d'un beau discours, comme le ſerpent ſous les fleurs. Et l'on peut dire de luy ce que Theocrite diſoit à Anaximenes, en un torrent & large fleuve de paroles, il n'y a point une goute de ſageſſe, *flumen verborum video, mentis vix guttam.* Il perd le temps inutilement en ſon premier diſcours à faire le Panegyrique des premiers ſiecles du monde, pour perſuader que tous les hommes de ce temps eſtoient ſçavans comme des Apollons : au lieu qu'à la verité ils vivoient dans une ignorance extrémement groſſiere, comme l'on peut remarquer par les réveries des anciens Philoſophes, & par toutes les Hiſtoires ſaintes & prophanes.

La raiſon eſt, que la ſcience pour eſtre veritable doit avoir deux qualitez, l'evidence & la certitude. C'eſt pourquoy il n'y a point de ſcience qui ne ſe vante de poſſeder ces deux avantages, & qui n'employe tout ſon credit, pour nous perſuader qu'elle eſt evidente &

asseurée: Mais les hommes des premiers siecles ne pouvoient avoir ces deux conditions necessaires à la science, veu qu'elle ne tire sa lumiere que de l'experience, qui ne s'acquiert que par le temps passé. De sorte que l'antiquité des premiers hommes, au lieu d'estre une marque de leur suffisance, est une preuve de leur ignorance : puis qu'ayant moins veu de choses que nous, ils en sçavoient aussi beaucoup moins : & ayant vécu dans les premiers siecles, ils n'ont pas sçeu faire assez d'obseruations pour connoistre la verité ; ainsi ce que nous appellons l'antiquité du monde, n'est proprement que son enfance. Comme les hommes ne pouvoient profiter du travail de leurs Ancestres, ils vivoient dans une profonde ignorance, & laissoient à leurs descendans le soin & la gloire de trouver la verité.

Et quoy que le premier homme ait eu toutes les Sciences infuses, il n'a pû pourtant en faire part à ses descendans que tres-imparfaitemẽt. Il n'avoit point d'autres moyens pour les instruire que la parole vocale, qui s'évanoüit aussi-tost qu'elle est prononcée. Et ses Enfans pour retenir sa doctrine, n'avoient que leur foible memoire, qui en peu de temps laisse échapper les plus belles choses: outre que leurs inclinations ne se portant qu'au mal & à la corruption, ils ne s'assujettissoient qu'avec peine à écouter les instructions de leur pere: ce qui paroist en ce que la connoissance de la premiere verité naturelle, qui est l'unité d'un Dieu, n'a pû se conserver parmy les hommes deux cens ans aprés le Deluge. Et bien que Noé, qui estoit comme un autre Adam, & avec qui Dieu conversoit familierement, ait fait son possible pour maintenir la vraye Religion, iamais il n'a pû empescher l'erreur & l'idolâtrie qu'il a veu naistre dans sa famille: Et il y a sujet de croire que Cham, qui l'a introduit aprés le Deluge, l'avoit appris auparavant en la conversation des Libertins du premier âge.

Mais si la tradition de pere en fils n'a pû conserver la premiere de toutes les veritez naturelles, qui est l'existence d'un Dieu, douterons nous que toutes les autres ne soient tombées en eclypse dés l'origine du monde?

Et puis, supposé que les premiers hommes ayent esté plus sçavans que ceux d'aujourd'huy, & qu'Adam ait fait passer plusieurs sciences innocentes à ses descendans; suit-il de-là que les Talismans ont de tout temps esté en usage; que cette science (qui est diabolique) a esté inspirée comme les autres à nostre premier pere, & qu'elle s'est communiquée successivement jusques à nos jours? C'est un blaspheme horrible d'avoir recours à l'estat d'innocence, pour trouver l'origine de la superstition, & de rendre Dieu mesme auteur des caracteres Talismaniques.

En effet, si l'Auteur se fût arresté à l'Ecriture sacrée plutost qu'aux Philosophes prophanes, qu'il louë hautement dans ses écrits, & dont ie luy parleray plus bas, il auroit appris du plus sage qui fut iamais entre les hommes, que l'inuention des simulachres ou des figures Talismaniques, est une corruption de la vie, qui n'a pas esté du commencement, & que l'oisiveté a introduit sur la terre. Il auroit appris de Saint Augustin, que l'invention de ces images est un erreur, qui détourne l'homme de la vraye Religion. Il auroit appris du grand Tertullien, que ces statuës ou caracteres ont esté inspirez du demon.

Sap. c. 4.

Aug. l. 8. de Civit. c. 24.

Tertul. l. de idololat. c. 3.

Les Payens mesme, ausquels il a recours pour autoriser l'antiquité des Talismans, ne la tirent pas dés la naissance du monde; Et le grand Hermes, qu'il fait garant de sa doctrine, declare dans S. Augustin au lieu sus-allegué, que les figures & les statuës dont il entreprend la defense, ont esté inventées des Egiptiens, oublieux de l'honneur & de la Religion divine, qui par un art magique ont attaché les demons aux images. Voila (dit S. Augustin) le témoignage du plus illustre Magicien d'Egypte, si clair & si autentique, que le demon mesme instigateur de ces charmes, n'en pourroit declarer plus nettement l'origine.

C'est de là qu'on a commencé à adorer les images & les statuës comme des divinitez (ainsi que le mesme Trismegiste le témoigne, & S. Augustin aprés luy) les peuples admirans les effets prodigieux des simulachres, ou figures Talismaniques. C'est de-là que Dieu, pour reprimer cette superstitieuse opinion des hommes, a donné ce precepte opposé à la doctrine de l'Auteur : *Non facies tibi sculptile, neque similitudinem omnium quæ in cælo sunt.*

COMPOSITION DV Talisman.

CHAPITRE II.

TAlisman (dit l'Auteur) *n'est autre chose que le sceau, la figure, le caractere, ou l'image d'un signe Celeste, Planette ou Constellation faite, gravée, ou cizelée sur une pierre sympathetique, ou sur un métail correspondant à l'Astre, par un ouvrier qui ait l'esprit arresté, & attaché à l'ouvrage & à la fin de son ouvrage, sans estre distrait ou dissipé en d'autres pensées estrangeres, au iour & heure du Planette, en un lieu fortuné, en un temps beau & serain, & quand il est en la meilleure disposition dans le Ciel qu'il peut estre, afin d'attirer plus fortement ses influences, par un effet dépendant du mesme pouvoir & de la vertu de ses influ nces.*

Definition du Talisman par l'Auteur, page 20.

Quoy que l'Auteur par cette definition cache ce qui est de plus noir dans les Talismans, il découvre pourtant assez de conditions superstitieuses pour les rendre suspectes, & avant que de les examiner, & d'en découvrir la malice en particulier, il est à propos d'opposer le sentiment de S. Augustin aux illusions de l'Apologiste. Ce Docteur le plus éclairé de tous les Peres de l'Eglise dit, au Liure 8. de la Cité de Dieu c. 24. que *le Caractere Talismanique est un demon lié à une image ou à un portrait, par un art contraire à la pieté.* Et il adiouste en suite, qu'un demon ainsi lié à une figure, est fait Dieu, mais à un tel homme: donnant à connoistre que ceux qui font de telles images rendent honneur au demon, & s'éloignent du vray Dieu. Et il faut remarquer qu'il dit ces paroles aprés plusieurs passages du grand Hermes que l'Auteur fait garant de sa doctrine, ce Philosophe avoüant que ſes Anceſtres ont eſté les premiers inventeurs de ces ſimulachres ou Taliſmans, dans leſquels il aſſeure que les demons ſont liez. Proclus au liu. de la Magie, Pſellus & Auerroës diſent que les hommes contraignent les demons par de certains ſignes & figures, & que les eſprits impurs ſont cachez ſous les images, *impuri ſpiritus ſub ſtatuis & imaginibus deliteſcunt.* Minut. Fœlix.

Auerroës l. contra Algaſel.

Auſſi avons nous pluſieurs Hiſtoires, comme dans S. Hierôme en la vie de S. Hilarion, qui font foy que les amis de Dieu ont contraint les diables de confeſſer qu'ils étoient attachez aux caracteres. D'où il faut avoüer, que le demon ſe méle dans les images Taliſmaniques. Il faut avoüer le pacte que les Payens meſme ont toûjours reconnus, puiſque Porphyre au livre des Oracles, declare que les demons montrent aux hommes non ſeulement leurs converſations,

Porphyre.

& leurs familiaritez, mais aussi de quelles choses on les prend, & comme quoy on les lie, quels iours il faut observer, quels il faut éviter, quelle figure il doit y avoir au caractere: & ce sont iustement les conditions que requiert l'Auteur pour faire le Talisman

Ie ne puis passer sous silence une Histoire admirable, rapportée par Maiolus aprés S. Antonin, d'un ieune Gentilhomme, qui le propre iour de ses Nopces connut par experience que les esprits impurs sont attachez aux statuës Talismaniques: car ce nouvel Epoux ayant par hazard & sans y penser mis son anneau nuptial au doigt d'une statuë de bronze consacrée à Venus, le simulachre plia le doigt, & il fut impossible au Gentilhomme de retirer son anneau. Et le demon tirant avantage de cette surprise, se déguisoit en Nymphe toutes les nuits, voulant tenir place de femme legitime au ieune Epoux, qui ne put se faire quitte de ces illusions, qu'aprés avoir retiré par art magique l'anneau qu'il avoit mis sans dessein au doigt de la statuë Talismanique. Cette Histoire a plusieurs circonstances remarquables qui ne se doivent point manifester à tous esprits : c'est pourquoy i'y renvoye le Lecteur sçavant & curieux.

EXAMEN DE l'intention de l'Auteur.

CHAPITRE III.

MAis, dira-t-on, c'est faire injure à l'Apologiste de luy attribuer la defense des Talismans diaboliques, puis qu'il avouë que le diable, *qui se plaist en la nuict* page
comme Prince de tenebres, envieux 7.
de nos avantages, s'est efforcé par ses mensonges à tromper les plus innocens, *qu'il a enseigné une Ni-*

gromancie pour l'opposer à la magie divine, & rendre la plus sainte science soupçonneuse par des vaines superstitions, qu'il a forgé des Royaumes d'idoles de larrons & d'incestueux, placez au Firmament, pour composer une trompeuse Astronomie, qu'il a donné l'invention aux hommes de se rendre les demons familiers pour contrepointer l'innocent usage des colloques avec les bons Anges: qu'il a distribué de certains caracteres superstitieux pour nous oster l'envie de rechercher les naturels & les veritables. Et pour conclusion de son ouvrage, aprés avoir donné une haute idée du pouvoir merveilleux des Talismans, il prie *de tout*
125. *son cœur celuy qui voudra y appliquer ses mains & son esprit, de ne point prophaner cette science par un vain mélange de mille choses inutiles & superstitieuses: de ne s'en point servir pour de mauvais usages, mais seulement pour la sa-*

tisfaction de son esprit, pour le soulagement de son prochain, & pour la gloire de celuy qui a donné à la nature tout le pouvoir qu'elle a, & qui la peut empescher quand bon luy semble.

Tout ce discours de l'Auteur montre qu'il condamne les Talismans diaboliques, qui ne sont autres, sans contredit, que des simulachres de demons; & qu'il ne defend que les naturels qui sont innocens dans leurs causes, & dans leurs effets.

Cette consideration est bien favorable à l'Auteur, mais aussi d'autre costé il faut considerer qu'il n'y a point d'imposteur qui ne colore ses mensonges du masque de la verité; qu'il n'y a point de criminel qui ne se dise innocent; qu'il n'y a point d'heretique qui ne se declare orthodoxe, & pour user des termes de l'Evangile; qu'il n'y a point de loup qui ne se déguise en brebis, quand il veut entrer dans la bergerie : mais que dit Nostre Seigneur, *ex operibus eorum cognoscetis eos*, c'est par leurs œuvres qu'il les faut connoistre, c'est par leurs principes, & par les suites de leur doctrine qu'on doit iuger de leurs intentions.

En verité, si on se servoit de cette pierre de touche pour iuger de l'intention de l'Auteur, il seroit extrémement difficile de l'excuser: neantmoins i'ayme mieux croire qu'il s'est trompé le premier, & qu'il a écrit son Livre dans une intention par trop curieuse; qu'il n'a point connu la superstition de ses medailles, & qu'il n'a point preveu le scandale qu'elles produiroient dans l'Eglise: c'est pourquoy i'espere qu'il aura assez d'humilité pour se retracter, & que pour reparer sa faute, il prouvera par luymesme, que les plus beaux esprits sont quelquefois sujets aux illusions, mais que les vrais humbles ne s'opiniastrent iamais à soustenir le mensonge. Dans cette esperance ie luy montreray en premier lieu, que les exemples des Talismans dont il se sert pour autoriser les siens, ne sont que des simulachres de demons, & que ceux qu'il a inventé ne sont que des idoles que la loy de Dieu defend à tous les fideles.

QVE LE PALLADIVM *de Troye, que l'Auteur produit pour autoriser ses caracteres, estoit un simulachre du demon, & qu'il n'avoit point la vertu de preserver la Ville.*

CHAPITRE IV.

LEs Histoires font foy (dit l'Auteur) *qu'il y a eu dans plusieurs Villes de certaines figures qui pouvoient empécher qu'elles ne fussent prises des Ennemis. Tel estoit le* Palladium *de Troye*, page 16 & 17.

les boucliers de Rome, & plusieurs Dieux tutelaires. Et les Annales de Turquie rapportent, qu'il y avoit à Constantinople plusieurs fatales statuës, qui ayant esté détruites & abbatuës, la Ville fut affligée de plusieurs grands malheurs.

Tout ce discours est de l'Auteur, d'où il conclud, que les Talismans sont innocents, & qu'ils ont esté de tout temps en usage ; de sorte que ces exemples cy-dessus servans de principe à l'Apologiste pour iustifier ses caractéres, lors que i'auray montré qu'ils n'estoient que des simulachres de Demons, & que leurs effets n'estoient que des illusions pour abuser les superstitieux, son premier fondement sera détruit; & tout le reste de sa doctrine se trouvera sans appuy. Commençons par le *Palladium* de Troye.

Ceux qui écrivent de cet Idole, disent que c'estoit un simulachre de la Deeſſe Pallas, que les Poëtes fabuleux ont feint eſtre fille de Iupiter, qu'il fit ſortir toute armée de ſa teſte. Son origine au rapport de Varron, de Plutarque, & de Denis d'Halycarnaſſe, vient de Chryſas, qui eſtant mariée à Dardanus, elle luy donna cette ſtatuë en mariage, avec les ſimulachres des grands Dieux, auſquels ce Roy ſuperſtitieux fit baſtir des Temples en Samotrace : mais ſes ſucceſſeurs s'eſtans eſtablis dans Troye la grande, y transfererent le *Palladium*, croyant ſur la réponſe d'un Oracle, que la Ville ſeroit imprenable, & ſes habitans invincibles, tant que cet Idole y ſeroit gardé.

C'eſt ainſi que le Demon pour divertir le culte du vray Dieu, & entretenir les ſuperſtitions Payennes, donnoit des Oracles remplis de vanité, & inſpiroit aux Idolâtres de la confiance aux ſtatuës Taliſmaniques ; mais dautant qu'il ſemble que cét Oracle ait eſté verifié par le siege de Troye, qui dura dix ans, sans que l'Armée Grecque ait pû rien gagner contre les Troyens qu'apres le ravissement de cét Idole, l'Auteur tire de là une consequence en faveur de ses caracteres, disant que les Villes estoient inviolablement conservées par la vertu de ces statuës merveilleuses.

Si l'Apologiste parloit à des Payens, il pourroit trouver quelque creance dans leurs esprits: mais il n'est pas possible qu'il y ait des Chrestiens, à qui ces superstitions ne soient en horreur. Et il faut que l'Auteur soit bien nouveau dans la doctrine des SS. Peres, ou qu'il se soit bien oublié, de mépriser ces brillantes lumieres de l'Eglise; car sans parler de Tertullien, de Iustin le Martyr, & de plusieurs autres qui ont écrit contre la vanité des Gentils; S. Augustin au premier livre de la Cité de Dieu s'attache principalement à destruire les erreurs des Payens touchant le *Palladium. Troye* (dit il) *n'a pas esté ruinée pour avoir perdu Pallas, car, ie vous prie, qu'avoit perdu Pallas pour perir malheureusement en ce sac? peut-estre qu'elle avoit perdu ses gardes? Oüi en verité, car les Grecs les ayant mis à mort, on la pouvoit bien emporter. Ce n'estoit donc point le simulachre qui gardoit les hommes, mais c'estoient les hommes qui conservoient l'Idole.* Iusques icy Saint Augustin.

Ce passage conclud directement contre l'Auteur, puis qu'il pretend que Troye fut saccagée pour avoir perdu Minerve ou Pallas, qui est la mesme chose, & S. Augustin dit le contraire, faisant voir que la vertu de cét Idole n'estoit qu'une pure illusion, & qu'il fut rauy luy-mesme pour avoir perdu ses Gardes. Dans le Chapitre suivant il poursuit cette matiere, & montre que ceux qui ont confiance à ces simulachres s'éloignent du vray

Dieu, & rendent honneur au Demon: *Victos Deos tanquam præsides & defensores colere, quid est aliud, quam tenere non numina bona, sed dæmonia mala?*

QVE LES DIEVX tutelaires, & les Boucliers Romains n'estoient point des Talismans innocens, & qu'ils n'avoient point le pouvoir de defendre les Villes.

CHAPITRE V.

COmme l'Auteur renouvelle l'erreur capital du Paganisme en introduisant la creance des Dieux tutelaires, & en inspirant la confiance à ces fausses divinitez; il m'épargne un long discours, puis qu'il y a plus de seize siecles, que la Foy a dissipé ces tenebres de l'Idolâtrie. Et que depuis que les Apostres ont porté la lumiere de l'Evangile dans l'Univers, ils ont détruit les simulachres, & ont fait confesser aux Demons mesme, que les Idoles n'avoient que le nom fastueux de Dieux tutelaires, & qu'ils n'estoient que de vaines statuës en effet: Ils ont des yeux, dit l'Ecriture, & ne voyent pas; ils ont des oreilles, & n'entendent pas; ils ont des mains, & ne touchent pas; & ne peuvent secourir ceux qui les inuoquent.

En effet, dit S. Augustin, *où étoient les Dieux de Rome, lors que les Romains estoient accablez de tant de miseres? lors que Valere Consul fut tué defendant le Capitole contre les bannis & les esclaves, & que ce Capitaine, comme protecteur de Iupiter, & de toutes les autres Divinitez, exposoit sa vie au hazard, sans que ces Dieux eussent seulement pouvoir de favoriser son party? où estoient ils lors que la Ville estant fatiguée de tant de seditions, l'on fut contraint*

Aug. l. 3. de la Cité c. 17.

d'envoyer des Ambassadeurs à Athenes emprunter quelque loy favorable, pour adoucir un peu les calamitez publiques: & qu'à peine ce fleau estant cessé, le Peuple fust ruiné de peste & de famine? Où estoient-ils lors que la Republique affligée d'une peste horrible, l'on ordonna de nouveaux sacrifices pour honorer ces Dieux inutiles, & que pour les fléchir à misericorde on exposa des licts & des tables chargées de viandes au milieu des Temples pour inviter ces Divinitez funestes à faire bonne chere, & à se reposer apres le repas, sans que tous ces bons offices, & toutes ces ceremonies superstitieuses ayent apporté aucun remede à la contagion? Où estoient-ils lors que dix années de suite l'Armée Romaine eut du desavantage contre les Veïens? Où estoient-ils lors que les Gaulois saccagerent Rome, & la remplirent du meurtre de ses Citoyens? Iusques icy S. Augustin, qui

qui dans tout ce Liure s'employe particulierement à monſtrer la vanité des Dieux tutelaires.

Qu'eſt-il donc beſoin de recommencer vne choſe faite, confirmée par tant de Siecles, & autoriſée par tant de ſçavantes plumes? Ne ſuffit-il pas d'indiquer au Lecteur que les Dieux tutelaires des Nations, ſont les Taliſmans innocens de l'Auteur? Et n'eſt-ce pas aſſez pour le convaincre, que ces caracteres ou ſtatuës ſont inutiles, & que ce ne ſont que des ſimulachres de Demons, puis qu'au dire de l'Ecriture, les Dieux des Gentils ne ſont que des Demons. *Dij Gentium Dæmonia.*

Les Boucliers Romains eſtoient les plus remarquables entre les Dieux tutelaires de Rome: & ils ont cela de particulier, que la ſuperſtition y eſt plus viſible, & que leur origine eſt diabolique; parceque les Auteurs conviennent qu'ils furent apportez du Ciel par la Nymphe *Ægeria*, c'est à dire par un Demon deguisé en fille qui s'estoit rendu familier au Roy Numa, pour introduire de nouvelles superstitions dans la Ville capitale du monde.

Ægeria est quæ præbet aquas Dea grata Camænis,
Illa Numæ coniunx consiliumque fuit.

En effet, le Roy par l'avis de la mesme Nymphe institua des Prestres, consacra des Autels, & ordonna des Sacrifices, pour honorer ces Boucliers comme des divinitez favorables; d'où l'Idolatrie est evidente. Et ainsi l'on ne peut douter, que leur origine ne soit diabolique, & leur progrés superstitieux,

QVE LES STATVES fatales de Constantinople estoient superstitieuses, & qu'elles n'avoient point la vertu de defendre la Ville.

CHAPITRE VI.

MAis pour ce qui est des statuës fatales de Constantinople, la difficulté est plus grande, & l'Auteur y trouve un appuy qui semble plus solide pour fonder ses caracteres, veu que ces statuës ont esté forgées depuis la naissance du Christianisme, & que la Foy de IESVS CHRIST estoit establie dans toute la Grece, lors que ceux de Constantinople avoient plus de confiance en ces Talismans. Aussi en éprouverent ils les effets signalez en plusieurs occasions. Et l'Empereur Theophile, entr'autres, ayant trois Armées ennemies sur les bras, conduites par trois Capitaines revoltez, estoit en hazard de perdre son Empire, si Iean Patriarche de Constantinople ne luy eust découvert la cause qui luy avoit attiré ce malheur, c'est à sçavoir une statuë de bronze composée de trois testes, luy declarant que si de trois coups de marteau il pouvoit rompre ou forcer ces trois testes, il seroit victorieux de ses trois ennemis. L'Empereur pour ne rien negliger de cet avis, fit faire un gros marteau, & ayant pris son avantage, il en déchargea de toutes ses forces un grand coup sur chacune des testes de la statuë, dont il en abbatit deux, & rompit à moitié la troisiesme, en suite dequoy s'estant mis en campagne avec les troupes qu'il put amasser, il remporta trois Victoires contre ses trois Ennemis : & comme si le destin eust esté attaché à ces figures, les trois Capitaines revoltez receurent les mesmes coups, qui furent infligez aux trois testes de la ſtatuë, les deux premiers ayant eſté tuez, & leur Armée défaite, & le troiſieſme bleſſé, & ſes troupes à demy rompuës.

Voila ſans doute la plus forte piece que pourroit produire l'Auteur en faveur de ſes Taliſmans. Cependant il faut avoüer que cette ſtatuë à trois teſtes eſtoit diabolique, auſſi bien que toutes les autres. Car quoy que les Auteurs rapportent cette Hiſtoire avec quelque difference, au moins ils conviennent tous de la ſuperſtition, & Cedrenus Hiſtorien Grec, Zonaras & Maiolus declarent que Iean Patriarche de Conſtantinople eſtoit vn grand Sorcier, qu'il uſa de mots barbares, & de pluſieurs ceremonies ſuperſtitieuſes pour charmer la ſtatuë.

Il eſt vray que le Demon qui connoiſſoit par les cauſes occultes que l'Empereur devoit avoir l'avantage, & que deux des Chefs des Rebelles ſeroient tuez dans le combat, se servit de ce simulachre à trois testes pour l'indiquer, non que delà il s'ensuive que le sort de la bataille fust attaché à ce Talisman: mais seulement qu'il estoit le signe de ce qui devoit arriver, soit par le Demon mesme comme Ministre de la iustice Diuine, soit par d'autres raisons qui luy estoient connuës, & suivant lesquelles il pouvoit abuser les superstitieux, & les entretenir dans la creance du pouvoir merveilleux des statuës fatales: afin de les tromper plus facilement en d'autres occasions. Comme il arriva en mille quatre cens cinquante-trois que les Grecs perdirent leur Empire, pour s'estre trop confiez en la vanité des Talismans.

Ils s'estimoient invincibles dans Constantinople, parce qu'ils avoient, ce dit-on, un taureau d'airain dans une grande place, sur lequel l'oracle avoit prononcé, que lors qu'vn puissant ennemy s'estant rendu maistre des murailles feroit irruption dans la Ville, les Bourgeois avec les soldats se retirans en cette place, feroient tourner le dos à leurs Ennemis, & les mettroient en déroute. De sorte que Mahomet second estant venu les assieger avec une Armée victorieuse, quelque desavantage qu'ils receussent tous les iours des Assiegeans, & bien qu'ils vissent que leur opiniâtreté seroit cause de la perte infaillible de leur Ville & de leur Empire : iamais ils ne purent se soûmettre à demander la paix au vainqueur, esperans que dans l'extremité ils seroient secourus par le taureau d'airain : mais ils furent bien trompez ; car les Ennemis ayans donné vn assaut general, & renversé tous les efforts des Grecs qui defendoient les murailles, entrerent main armée dans la Ville, laissans toutefois le loisir aux fuyards de se retirer dans cette place fatale, ou plutost funeste, puis qu'elle fut le theatre de leur dernier malheur :

parce qu'aulieu de prendre courage en veuë de leurs Talismans, ils furent saisis d'une si grande crainte, que les armes leur tomberent des mains : Et les Ottomans au contraire, entrerent dans une si grande fureur, qu'on les auroit pris tous pour des taureaux enragez, qui ne purent s'appaiser que par le sang de toutes ces victimes, qu'ils égorgerent au pied du simulachre. Et par consequent les statuës fatales de Constantinople estoient superstitieuses, & n'avoient point le pouvoir de defendre la Ville & les Habitans contre leurs Ennemis.

EXAMEN DES Talismans produits par l'Autheur.

CHAPITRE VII.

APrés avoir refuté l'Auteur sur les Talismans qu'il a tirés

du Paganiſme & de la ſuperſtition des Grecs, il le faut à cette heure attaquer dans les ſiens propres, & faire voir que ſes ſtatuës ne ſont que des Idoles, & ſes medailles des caracteres que la Loy de Dieu defend à tous les fideles ; & pour ne luy point donner ſuiet de plainte, ie les veux produire ſous ſes propres termes.

Pour guerir les maux de teſte.

GRavez la figure du Belier avec celle de Mars, qui eſt un homme armé avec ſa lance, & de Saturne qui eſt un vieillard tenant une faux à la main, tous deux eſtans directes, & Iupiter n'eſtant point en Aries, ny Mercure au Taureau : ou marquez ſimplement le Belier le Soleil y eſtant. *page* 109.

Pour les maux de gorge & du col.

Gravez la figure du Taureau en *pages* 110.

la troisiesme face le Soleil estant sur la terre.

Pour les maux de reins & coliques.

110. Gravez la figure du Lyon en la premiere face.

Pour la ioye, beauté & force de corps.

Gravez l'image de Venus, qui est
111. vne Dame tenante en main des pommes & des fleurs en la premiere face de la Balance, des Poissons, ou du Taureau.

Pour guerir la goute.

112. Gravez la figure des Poissons, qui sont deux Poissons, l'un ayant la teste d'un costé, & l'autre de l'autre, sur or, ou argent, ou sur de l'or meslé d'argent, quand le Soleil est aux Poissons, libre d'infortune, &

que Iupiter Seigneur de ce ſigne eſt auſſi fortuné.

Pour acquerir aiſément les honneurs, grandeurs & dignitez.

Faites graver l'image de Iupiter 113.
qui eſt un homme ayant la teſte
d'un Belier ſur de l'eſtain ou de 84.
l'argent, ou ſur une pierre blanche, au iour & heure de Iupiter quand il eſt en ſon domicile, comme au Sagittaire ou aux Poiſſons ; ou dans ſon exaltation, comme au Cancre ; & qu'il ſoit libre de tous empeſchemens : principalement des mauvais regards de Saturne ou de Mars, qu'il ſoit viſte & non brûlé du Soleil : en un mot qu'il ſoit fortuné en tout. Portez cette image ſur vous eſtant faite comme deſſus, & avec toutes les conditions ſuſdites, & vous verrez ce qui ſurpaſſe voſtre créance.

Pour estre heureux en marchandise & au jeu.

Gravez l'image de Mercure sur
115. de l'argent ou sur de l'estain, ou sur
un métail composé d'argent, d'e-
84. stain, & de Mercure, au iour & à
l'heure de Mercure, portez-la sur vous; ou la mettez dans un magasin du Marchand, il prosperera en peu de temps d'une façon presque incroyable.

Pour estre courageux & victorieux.

116. Gravez l'image de Mars en la
84. premiere face du Scorpion.

Pour avoir la faveur des Rois, des Princes, & des Grands, & mesme pour guerir les maladies.

116. Gravez l'image du Soleil, qui est un Roy assis dans un Trône, ayant

un Lion à ſon coſté ſur de l'or tres-pur, & tres raffiné, en la premiere face du Lion, & qu'il ſoit fort & fortuné.

Pour avoir l'eſprit plus ſubtil, & la memoire meilleure.

Gravez l'image de Mercure, qui 117.
eſt un ieune homme aſſis, tenant en
main un Caducée, & la teſte cou- 84.
verte d'un chapeau, en la premiere face des Iumeaux ou de la Vierge, ſur un métail, comme nous avons dit cy-deſſus.

Pour acquerir des richeſſes, & meſme pour guerir des maux froids.

Gravez la figure de l'Eſcreviſſe à 118.
l'heure de Saturne, le Cancre eſtant au milieu du Ciel, & Saturne à la ſeconde face ſur du plomb affiné, ou ſur de l'argent, ou ſur de l'or.

Voila les Taliſmans de l'Auteur, qui ſans doute donneront de l'horreur à tous les gens de bien Car qui ne voit que c'est une pure Idolatrie de croire & d'avoir confiance en ces caracteres ? Et à bien considerer l'intrigue de l'Apologiste, l'on remarque que ce n'est pas sans raison qu'il a avancé que les Dieux tutelaires des Nations estoient des Talismans innocens : puis que tous ceux qu'il produit cy-dessus ne sont que des simulachres dont les Payens faisoient leurs Dieux : il prevoyoit bien que les siens ne pourroient estre receus, s'il ne remettoit les premiers en credit. Et quand il n'y auroit point d'autres raisons pour le convaincre de superstition, celle-là seule seroit suffisante pour condamner ses medailles qui renouvellent l'ancien erreur des Gentils, & qui portent les esprits à croire que Iupiter, Saturne, Mars, Mercure, Venus, & autres Idoles peuvent donner des honneurs, des richesses, des dignitez, & guerir de tous maux. Mais ie n'en veux point demeurer-là : ses caracteres sont trop noirs pour n'en point découvrir la malice particuliere, & les conditions & les ceremonies qu'il requiert pour donner la vertu à ses images, sont trop superstitieuses, pour ne point remarquer l'operation du Diable avec la vanité du Magicien.

L'ABSVRDITE' DE LA figure Talismanique.

CHAPITRE VIII.

L'Apologiste demande plusieurs conditions pour faire un Talisman, c'est à sçavoir, *La matiere qui est le métail, ou la pierre sympathetique, la figure, la constitution du Planete, l'attraction de l'influence, l'intention, & l'esprit arresté de l'ouvrier sur son ouvrage.* C'est en ces conditions que ie pretends faire principalement connoistre que le Demon se glisse dans ses caracteres, comme le Serpent sous les fleurs : & laissant á part ce qu'il dit de la matiere ; non pas que ie sois de son sentimẽt en ce poinct, mais c'est que tout le discours qu'il en fait, n'est qu'une digression, comme il advouë luy-mesme, qui ne revient point du tout au sujet des Talismans, c'est pourquoy ie passe à la seconde condition qui regarde la figure.

Il faut (dit l'Auteur) *graver la*
page *figure du Planete sur les metaux,*
54. *car comme l'image ou la figure est*
une representation de la chose ef-
57. *figiée ou figurée, & que la ressemblance fonde la sympathie, nous devons asseurer qu'où il y a plus de ressemblance, il y a aussi plus de sympathie : mais personne ne peut douter qu'il y ait plus de ressemblance où se trouve la figure ; c'est pourquoy la figure du Planete est une meilleure disposition au metail pour recevoir son in-*

fluence. Voila le ſommaire du raiſonnement de l'Auteur, qui concluđ aſſez clairement, que ſes medailles doivent eſtre gravées des veritables figures des Planetes; & craignant qu'on ne conçoive pas aſſez ſa penſée, il adiouſte plus bas: *Ce n'eſt pas ſans cauſe legitime que les ſages Anciens qui ont connu ces figures & ces images des Aſtres, ont écrit, qu'en faiſant un Taliſman ſur un metail ſymbolique, & conforme au Planete, il falloit adiouſter à cette reſſemblance interieure de la nature, la reſſemblance exterieure de leur figure, ie dis leur figure veritable.*

Aprés des expreſſions ſi claires, & repetées pluſieurs fois dans tout le Traité, l'Auteur ne doit point apprehender qu'on ne conçoive bien ſa penſée, & qu'on ne ſoit perſuadé que ſes caracteres doivent eſtre imprimez des vrayes figures des Aſtres; ſurquoy on luy oppoſera deux moyens qui détruisent absolument ses principes, & le convainquent de superstition.

Le premier est, que les Planetes n'ont point les figures que l'Apologiste grave sur ses images. Le secōd, que quand ses medailles seroient gravées des veritables ressemblances des Astres; ces figures exterieures ne pouroient adiouster aucune vertu naturelle aux Talismans pour produire les effects qu'on leur attribuë.

Et pour commencer par le premier, ne voit-on pas que l'Apologiste retourne aux superstitions Payēnes, quand il se figure les Planetes comme des hommes ou des animaux ridicules? à qui persuadera-t'il que la figure du Soleil est un Roy assis dans son trône? que Mercure est un ieune homme tenant en main un Caducée? que Iupiter est un homme ayant la face d'un Belier; que Venus est une Dame tenant en main des pommes & des fleurs, que Mars est un Soldat armé avec ſa lance, & que Saturne eſt un vieillard tenant une faux en main ? Qui ne voit que ce Roy aſſis en ſon trône n'eſt pas la figure du Soleil, mais bien le ſimulachre du faux Dieu que les Payens ont adoré ſous le nom de Phœbus, qu'ils ont crû preſider à cét Aſtre qui nous donne le iour, & qu'ils ont repreſenté comme un Roy, ainſi qu'Ovide le dépeint au ſecond de ſes Metamorphoſes?

Qui ne voit que cét homme ayant la face d'un Belier n'eſt point cette Eſtoile errante que les Aſtrologues appellent Iupiter ? mais que c'eſt l'Idole de cét ancien Roy d'Egypte, auquel les Infideles ont dreſſé des Autels, & l'ont repreſenté avec la teſte d'un Belier, parce que ce Monarque allant à la guerre avoir un caſque fait en forme de la teſte d'un Belier ; ce que pluſieurs Rois de Perſes ont imité depuis.

Iupiter Ammõ Roy d'Egipte.

Qui ne voit que cette Dame tenant en main des pommes & des fleurs, n'est pas la figure d'un Astre, mais de cette Deesse de Volupté, qu'on dit avoir esté une Dame de Chypre qui la premiere a inventé la vie courtisane, & enseigné aux Dames du païs à gagner leur doüaire, en se prostituant à tout le monde, & que les Idolastres ont adorée pour obtenir ce que les Talismans promettent, c'est à sçavoir de la ioye, des delices & de la beauté?

Qui ne voit que ce ieune homme tenant en main un Caducée, que l'Auteur veut qu'on grave sur de l'estain ou de l'airain pour estre heureux en marchandise, n'est pas la representation du Planete Mercure, mais de ce faux Dieu que les Infideles ont adoré comme le Demon de Marchandise, au rapport de S. Augustin l. 4. de la Cité de Dieu ch. 11. Enfin, qui ne voit que de faire ou de porter de semblables figures, suivant l'intention de l'Auteur, c'eſt idolaſtrer comme les Payens. Donc, ſuppoſé que la figure des Aſtres & des Planetes ſoit une condition importante aux caracteres pour leurs operations, on dénie que les Aſtres ayent les figures que l'Apologiſte veut qu'on grave ſur les Taliſmans.

Les Enfans qui ont contemplé le Soleil, ſont capables de refuter l'Auteur en ce poinct, & i'ay peine à employer l'autorité des Peres de l'Egliſe pour un ſujet qui le merite ſi peu; Neantmoins pour la ſatisfaction du Lecteur i'en produiray deux autentiques, le premier ſera d'Arnobius, dont S. Ieroſme parle avec honneur; Ce Pere au Livre contre les Gentils dit clairement. *Ce qui ne porte point les lineamens conformes à l'original, ne doit point porter le nom de caractere ou de portrait, parce que l'image doit eſtre une repreſentation de la choſe effigiée: neantmoins vous eſtes ſi peu raiſonna-*

Arnob. l. 6. contra Gentes.

bles dans vos idoles, que vous les gravez tout autrement qu'ils ne paroissent à nos yeux & à nostre connoissance. Chacun sçait que le Soleil est d'une forme orbiculaire, & vous l'habillez en homme. La Lune est en mouvement perpetuel, elle change tous les iours de figure ; quand elle est pleine, elle paroist comme un globe brillant, & vous la representez comme une Dame, à qui vous donnez tousiours un mesme visage, il faut donc chercher les chauves-souris, & prescher ces réveries dans la Republique des Aveugles.

On fait (dit S. Augustin sur le Psal. 93.) *des iniures aux Estoilles, lors qu'on dit, Voila l'Estoille de Mercure, & voila celle de Saturne: car n'est-ce point faire un grand tort à ces beaux Astres enchassez de la main de Dieu dans le Firmament, que de les mettre en la possession d'un petit larron, ou d'un vieux réveur qu'on dit avoir de-*

voré ſes enfans?

Mais (dira l'Auteur) les Philoſophes de toute ancienneté ont attribué ces figures aux Planetes, comme ils ont donné divers noms d'animaux au Zodiaque.

Ie répons, que ces Anciens Philoſophes eſtoient Payens, & ayant connu Dieu par la lumiere naturelle, ils ne l'ont point glorifié comme le Souverain de l'Univers, mais comme dit S. Paul, ils ſe ſont évanoüis en leurs ſuperſtitions, donnant aux Aſtres les noms de leurs Divinitez, & attribuant à la creature ce qui n'eſt deub qu'au Createur. D'ailleurs la pluſpart des anciens Philoſophes n'ont pas crû que les Planetes fuſſent ſous la figure humaine, mais bien qu'ils eſtoient gouvernez par des intelligences auſquelles ils ont donné les noms de Iupiter, de Venus, de Mercure, & ainſi des autres : & les ont habillez en hommes, comme encore aujourd'huy les Peintres nous representent les Anges.

Pic.l.8. contra Astrol. c.5.

Pour ce qui est des images que l'on assigne au Zodiaque, il est croyable (dit Pic de la Mirande) qu'elles sont tirées des regards du Soleil, & que ces figures ne sont que des metaphores pour exprimer les differents effects que cause ce bel Astre lors qu'il se rencontre dans ces parties du Ciel ; par exemple, le signe de l'Ecrevisse tire son nom de ce que le Soleil y estant arrivé, recule en arriere comme fait cet animal ; & ayant atteint le plus haut degré du Zodiaque le vingt deuxiesme de Iuin, il retourne sur ses pas, & commence à descendre dans le signe suivant, que les Anciens ont appellé *Lion*, à cause de la force du Soleil, & de l'extréme chaleur qu'il produit en cette saison. Le signe d'aprés est appellé *Taureau*, parce qu'alors la terre est propre au labourage, à quoy les bœufs & les taureaux sont employez. La *Balance* tire son nom de de l'egalité des iours & des nuicts, & ainsi de tous les autres.

C'est donc vne verité constante, que les Astres & les Planetes n'ont point les figures que l'Auteur graue sur ses caracteres. Mais quand mesme ces corps superieurs auroient les veritables figures qu'on leur assigne, & que les Talismans leur seroiët semblables en ce point; il est faux que cette condition soit importante à la production de leurs effets, ou qu'elle communique quelque vertu au métail qu'il n'ait point de sa nature. Car comme il est fort bien remarqué dans les Recueils generaux, tout agit en ce monde par les qualitez premieres ou secondes, ou par sa substance, d'où viennent les proprietez occultes & sympathiques; mais les figures des Talismans ne peuuent agir par aucun de ces moyens; car il est certain qu'elles n'agissent point par vne chaleur, froideur, dureté ou mollesse, ny par aucune qualité premiere ou seconde, non plus que par leurs substances, puis que les figures n'augmentent point ces qualitez aux suiets qu'elles modifient, & ne perfectionnent point la substance du métail ou de la pierre: & par consequent il est absurde de dire que la figure soit necessaire au Talisman pour produire son effet.

D'ailleurs, la figure n'est qu'vne certaine situation, & disposition des parties, & vn mode de la quantité qu'elle configure; laquelle dépendant de la matiere qui est purement passiue, est autant incapable d'action, comme la figure qui la termine. Et quand bien la figure artificielle du Talisman pourroit agir artificiellement, elle ne pourroit produire aucun effet naturel, parce que ce seroit au dessus de sa puissance: encore moins agir sur la volonté pour l'induire à aimer ou hayr, comme l'Auteur enseigne de ses Talismans; de sorte qu'il ne se peut dire rien de moins raisonnable, & de plus superstitieux que ce qu'il dit de la necessité de cette condition, pour donner le pouuoir merveilleux à ses caracteres.

QVE LES GAMAHEZ, ou figures naturelles, au lieu de servir à la justification des Talismans, prouvent au contraire que leur vertu ne vient point des influences Astrales, ny de la sympathie, ny de la figure.

CHAPITRE IX.

IE ne dis pas icy (dit l'Auteur) *que la figure soit agissante physiquement, comme quelques modernes, ny qu'elle soit un comprincipe de l'action, avec Caietan ; mais seulement qu'elle establit une plus grande sympathie, & qu'à raison de cette plus grande sympathie, elle est au métail une meilleure dis-* page 59.

position pour l'influence du Planete : ainsi c'est avec raison, & non sans fondement, que l'on grave les figures ou les images des Planetes sur les pierres ou sur les metaux choisis, puis qu'à cause de la plus grande ressemblance exterieure iointe à celle de la nature interne & formelle, les Astres s'y communiquent plus liberalement.

Quoy que ce raisonnement soit suffisamment détruit dans le Chapitre precedent, neantmoins l'Auteur establissant toute la piece iustificative de ses caracteres, sur les influences Astrales qu'il croit perfectionner & élever les suiets sympathiques pour produire des effets merveilleux ; ie luy veux icy mettre en avant des exemples sensibles, qui ont avantageusement toutes les qualitez qu'il requiert à ses Talismans, qui sont la sympathie, la figure, & les influences Astrales : Et pour le faire avec plus de force, i'entreray dans les principes d'Albert le Grand, qu'il croit estre de son parti, & de Gaffarel qui y est asseurément : Car ces Auteurs enseignent qu'il y a des Gamahez, ou Talismans naturels, qui sont figurez par la vertu des Astres, & qu'il n'y a point de suiets en cette basse region sur qui les corps superieurs répandent plus d'influences : Et cependant il est vray que ces figures naturelles, dont les Astres sont les peres, n'ont point plus de vertu que les sujets de leur espece. Voyons premierement quelles sont ces Gamahez ; secondement, qu'elles sont produites par les influences Celestes ; & enfin qu'elles n'ont aucune vertu.

En premier lieu, il est certain qu'il y a des Gamahez, c'est à dire, des figures naturelles formées sans aucun artifice humain, telle qu'estoit l'Achate du Roy Pyrrhus qui representoit les neuf Muses dançantes, avec Apollon au milieu, qui iouoit de la Harpe. *Regia fama est*

Plin. l. 37. c. 1.

Maiol. tractat. de memorab.

(dit Maiolus aprés Pline) *gemmam Pyrrhi illius qui adversus Romanos bellum gessit, Achatem scilicet admirandam fuisse, in qua nouem Musæ & Apollo cytharam tenens spectabatur, non arte sed naturâ magistrâ, ita discurrentibus maculis, ut Musis quoque singulis sua redderentur insignia.*

Le mesme Maiolus asseure qu'à Venise il y a une Achate sur laquelle se voit l'effigie d'un homme naturellement formée. A Pise (dit Gaffarel) dans l'Eglise de S. Iean, on voit sur une pierre un vieil Hermite parfaitement bien dépeint par la seule industrie de la nature, mais avec tant de merveille, qu'il semble qu'elle ait voulu surmonter les addresses de l'art : car il est representé dans un agreable desert, assis prés d'un ruisseau, tenant une cloché à la main, tout ainsi qu'on represente Saint Antoine.

Dans le Temple de la Sapience

à Constantinople, on voit sur un marbre blanc scié, l'Image de S. Iean Baptiste vestu d'une peau de chameau, avec ce seul defaut, que la Nature ne luy a fait qu'vn pied.

A Ravenne dans l'Eglise de Saint Vital, on voit aussi un Cordelier naturellement figuré sur une pierre de couleur cendrée. Ce qui a fait croire à quelqu'un, que lors que Dieu a fait naistre les grands hommes illustres en sainteté, le Ciel & la Nature ont concouru à en exprimer les images; ainsi quelque temps aprés la Passion de Nôtre Seigneur on trouva en Italie la figure d'un Crucifix dans une pierre de marbre si naïvement representé, qu'on y reconnoissoit les cloux, les playes, les goutes de sang, & toutes les particularitez que les plus curieux Peintres y eussent pû figurer: ce Gamahé est encore à S. George de Venise, au rapport de Gaffarel. L'on dit que le Marquis de Bade a une pierre precieuse, qui de quel costé qu'on la tourne, montre toûjours un Crucifix naturel.

A Sneiberg en Allemagne on a trouvé dans une mine, un certain métail non épuré, sur lequel estoit la statuë d'un homme portant un enfant sur son dos, à peu prés comme on dépeint S. Christophe. En Provence on a trouvé aussi dans une mine quantité de Gamahez ou figures peintes d'oiseaux, de rats, d'arbres, & de serpens tres-parfaitement representez. Au commencement des parties Occidentales de la Tartarie, on voit, dit-on, sur des rochers des figures de chameaux, de chevaux, & de brebis.

Ie n'aurois iamais fait, si ie voulois déduire en particulier toutes les Gamahez dont Albert le Grand, Pline, Maiolus & Gaffarel font recit dans leurs Livres, i'ay choisi seulement ces exemples entre pluſieurs autres, comme les plus connus & les plus remarquables. Il faut à cette heure voir de quel principe procedent ces figures. Albert le Grand, que l'Apologiſte veut attirer à ſon party, enſeigne au Traité troiſiéme des Mineraux, que ces Images ſont formées par une abondance extraordinaire d'influences Aſtrales, qui ſont ſi fortes & ſi puiſſantes dans de certaines conionctions, qu'elles expriment naturellement les caracteres des animaux ſur leſquelles elles dominent; L'Auteur ne pourra ſe parer de ce principe, puiſque luy-meſme dit page 26. *Que la matiere de tous les compoſez de la nature inferieure ſe prend des Elemens, mais que la forme deſcend du Soleil & des Aſtres. Et nous pouvons dire* (adiouſte-t-il) *que ces grands corps ſuperieurs dominateurs de l'Univers, ſont leurs peres, meres, & leurs nourrices qui les forment, les élevent & les conſervent.*

D'où il faut conclure, que ces Gamahez ou Images naturelles devroient estre enrichies des vertus Celestes plus que toutes les figures semblables faites par l'industrie des hommes, puis que les communications Celestes ont esté si grandes en la production de ces Talismans naturels, qu'elles ont suppleé les defauts de l'artifice en formant la matiere dans une parfaite ressemblance avec son principe. Cependant il ne se trouve point que ces Talismans admirables ayent plus de vertus que les pierres de leur espece, ny que cette plus grande sympathie les éleve au dessus des qualitez de leur nature : donc à plus forte raison, les Talismans artificiels ne pourront par l'influence des Astres, estre enrichis des vertus surprenantes pour la production des effets que l'Auteur leur assigne ; & par consequent il faut que cette puissance Talismanique ne soit point naturelle, mais magique.

La mesme raison se peut tirer de la doctrine de Gaffarel, qui rapporte aussi la formation des Gamahez aux influences Astrales, & qui adiouste de plus, que si ces figures naturelles qui representent des serpens, des scorpions, & des crapaux, trouvent la nature du lieu propre & disposée à donner à la pierre, ou à la matiere sur laquelle elles sont, une qualité & nourriture convenable à la beste dont elles portent l'image, asseurément ces figures seront changées en vrais serpens, crapaux & scorpions viuans. Et pour preuve il apporte les exẽples de deux crapaux trouvez vivans au milieu des rochers & des marbres ; d'où il conclud, que ces pierres ayant esté premierement figurées en crapaux par les influences Astrales, qu'enfin la matiere estant toute disposée, elles furent changées en crapaux naturels & vivans.

Ce raisonnement tiré de Gaffarel fauteur des Talismans, montre encore plus fortement la disposition de la matiere, & les communications celestes dans les Gamahez, puis qu'elles vont quelquesfois iusques à ce poinct de faire un animal vivant, de ces figures naturelles ; ce que tous les Magiciens n'ont pû encore faire de leurs caracteres ; & par consequent les influences Astrales sont plus abondantes, & la matiere mieux disposée dans les Gamahez que dans les Talismans ; & ainsi selon les principes de l'Auteur, celles là devroient avoir incomparablement plus de vertus celestes que ceux cy, quoy qu'à la verité elles n'ayent aucune qualité plus considerable que les pierres & les autres suiets de leur espece, comme l'experience universelle le fait voir : d'où il faut conclure, à plus forte raison, que si les caracteres ont quelque vertu au dessus des proprietez de leur matiere, que cette vertu ne vient point ny des influences des Aſtres, ny de la ſimpathie, ny de la figure, mais de l'operation du Diable.

Ie ne m'arreſteray pas icy à refuter les réveries que Gaffarel produit apres le diſcours cy-deſſus, ſçavoir que la figure eſt agiſſante, puis que l'Auteur au commencement de ce Chapitre deſadvouë cét erreur, & qu'il ne poſe la neceſſité de la figure que pour fonder une plus grande reſſemblance, afin de donner (pour ainſi dire) plus d'inclination à l'Aſtre par la loy de ſimpathie. Outre qu'à bien conſiderer les exemples dont ſe ſert cét Auteur pour appuyer ſon opinion, ou ils ne viennent point à propos à ſon deſſein, ou il confond la forme interieure & eſſentielle, avec la figure exterieure, qui n'eſt qu'un mode de la quantité : comme la pierre *Heliotropius*, dont il aſſeure qu'elle arreſte le ſang ; & le marbre appellé *Orphites* qui guerit les morſures des Serpens : car quand mesme ces exemples seroient vrais, ce que ie n'accorde pas, ils ne peuvent de rien servir au dessein de cét Auteur, puis que ce ne sont point des Gamahez ou Talismans naturels; mais des especes de pierres dont la vertu est essentielle, & commune à tous les individus de l'espece. Et si l'on remarque que l'*Heliotropius* semble estre tâchetée de goutes de sang, & que le marbre *Orphites* a quelque ressemblance des Serpents, c'est que la nature par un effet de la providence divine, a voulu donner ces signes, pour faire connoistre aux hommes les proprietez occultes des creatures; ce qui est si veritable, que quand ces pierres seroient reduites en poudre, elles ne laisseroient point d'avoir la mesme vertu, quoy que non pas la mesme figure.

Ie ne parleray point des Talismans, dont le pouvoir a cessé avec le pacte qui estoit limité à un certain temps; car si les effets estoient naturels, ils seroient continuez tant que la matiere & la figure seroient en estat, parce que les effets naturels émanent necessairement de leurs causes, comme le Soleil produit toûjours la lumiere, le feu la chaleur, & ainsi des autres Agens naturels : cependant plusieurs caracteres approuvez par ceux qui defendent les Talismans, ne produisent plus aucun effet, quoy que la matiere & la figure n'ayent souffert aucune alteration ; leur vertu a cessé tout à coup, & les clairvoyans ont remarqué que les esprits qui presidoient à ces simulachres, s'estoient retirez au bout d'un certain temps limité par le pacte, comme celuy de plomb fondu par Achmet Bentolon Calyphe d'Egipte, qui chassoit autrefois les crocodilles, n'a aucun pouvoir presentement, de sorte que plusieurs sont peris par ces bestes carnacieres, pour s'estre confiez en la vertu de ce Talisman.

Ie ne m'arresteray point non plus à montrer que les Talismans des Magiciens produisent souvent des effets contraires à leurs figures, & directement opposez aux vertus pretenduës symboliques : comme celuy qui se voit en Arabie dans la ville de Hamptz, qui est la figure d'un Scorpion, lequel au lieu d'estre favorable à ceux de son espece, il leur est entierement funeste, faisant mourir tous les Scorpions qui approchent de la Ville. Vn autre à Tripoly, dont le sieur de Breves dit ces paroles : En Syrie dans le mur qui ioint la porte de la Marine de la Ville de Tripoly, se voit une pierre enchantée, sur laquelle est taillée en relief la figure d'un Scorpion, qui y fut mise par un Magicien, pour exterminer les bestes venimeuses qui infectoient cette Province. Comme à Constantinople le Serpent d'airain, & en Hippodromos au dessus de la Ville, se voit une caverne pleine des carcaſſes & oſſemens des Serpens qui moururent par les vertus ſecrettes d'une figure qui repreſentoit un Serpent.

Toutes ces eſpeces de Taliſmans montrent évidemment, que leurs vertus ne ſont point ſympathiques, ny leurs influences conformes à leurs figures.

LA VANITÉ DE l'obſervation du Planete.

CHAPITRE X.

POUR refuter cette vaine obſervance de l'heure & de la conſtitution du Planete, que l'Auteur eſtablit comme une condition importante pour iuſtifier la vertu innocente des Taliſmans, il ne faudroit que le renvoyer à S. Auguſtin, qui dans le cinquiéme Livre de la Cité de Dieu, diſpute de cette matiere contre luy avec tant de vigueur, que déposant le respect que tous les Catholiques portent à son autorité; i'ose bien asseurer qu'il ne pourroit répondre à aucun de ses argumens :il semble que ce Livre ne soit composé que contre ses principes; toutefois ie n'en rapporteray rien, pour luy donner envie de lire luy-mesme dans les Livres des Saints la vanité de sa doctrine. Et pour montrer que ce grand Docteur a toûjours esté contraire à cette vanité, l'on trouvera en deux autres endroits de ses Oeuvres, c'est à sçavoir au Livre de la Doctrine Chrestienne chap. 22. & 23. & au Livre second de la Genese à la lettre chap. 17. que ces indices des Estoiles viennent d'un pacte avec le demon, & d'un secret instinct que souffrent les esprits des hommes sans le sçavoir, & que celuy-là est plus heureux à prédire qui a le Diable plus favorable & plus propice. Lesquelles paroles de S. Augustin s'accordent fort bien avec ce que dit Platon en son Phœdre, qu'un Demon nommé Theuth revela l'Astrologie à Thame Roy d'Egipte.

Mais quand bien ces observations Astrales ne seroient point mauvaises, prises en general, neanmoins les observations des Planetes pour faire des Talismans sont condamnées par la Faculté de Paris en ces termes : *Quod imagines ex metallo vel aliâ materiâ ad certas constellationes fabricatæ vel certo caractere aut figurâ efformatæ &c. secundum predictas artes & sub certis diebus habeant virtutes mirabiles quæ in libris superstitiosis eiusmodi recitantur, error est in fide & in Philosophiâ naturali & Astronomiâ verâ.* Artic. Paris. 21.

LA SUPERSTITION de l'arrest de l'esprit pour faire le Talisman.

CHAPITRE XI.

IE passe sous silence la cinquiéme condition qui est suffisamment destruite par la precedenre, pour m'arrester à la derniere que l'Auteur avouë estre la plus soupçonneuse. *Les sages* (dit-il) c'est à dire les Magiciens, car il n'y a que ceux-là qu'il honore de cette qualité, tous les autres pour sçavans qu'ils puissent estre, ne sont chez luy que des ignorans déguisez en Docteurs. *Donc les Magiciens ont laissé par escrit, que* page 69. *l'ouvrier du Talisman doit estre recolligé en soy, qu'il ne pense qu'à son ouvrage, & au dessein pour lequel il le fait.*

Ie demande à quoy peut servir

cette condition ? Il répond, *Que l'homme ayant l'imagination bandée à considerer le Planete, il en forme une image, & pour ce attire sur soy l'influence avec abondance, à cause de la ressemblance avec le Planette.* Par la mesme raison qu'il a dit cy-dessus, que le métail figuré est mieux disposé à recevoir l'influence à cause de la ressemblance avec l'Astre : c'est pourquoy il adiouste, *Que personne ne doit s'entremettre de faire des Talismans, qu'il ne sçache les vrais sceaux, images, figures, ou caracteres des constellations, autrement il seroit privé de ses attentes & frustré de ses esperances.*

Je conçois sa raison, qu'il cherche en Philosophie, & pour en faire connoistre l'absurdité, il faut remarquer, selon tous les Philosophes, que l'image & l'espece des objets, qui est en l'imagination, est de mesme figure que celle qui est dans les sens exterieurs : Par exemple, l'image d'une rose que vous avez dans les yeux, quand vous la regardez, est aussi de mesme dans l'imagination, quant à la figure. Et c'est pour cette raison, qu'un homme qui auroit esté dix ans sans voir une rose, la connoistroit au premier aspect entre toutes autres choses, & en feroit la distinction, à cause que l'espece qui seroit demeurée dans la phantaisie depuis dix ans, seroit toute conforme à celle qui frapperoit les yeux,

Or ce principe estant posé, ie demande derechef, si la figure du Soleil qui frappe nos yeux quand nous le contemplons, est un Roy assis en son trône, tenant le Sceptre en main? Il n'y a personne qui le puisse dire, les plus idiots deposeront, que c'est comme un globe de feu qui contient en soy la source de la lumiere corporelle. Donc la figure du Soleil qui est en l'imagination, & qui correspond par conformité à l'image exterieure qui informe les yeux : n'eſt pas non plus la figure d'un Roy, &c.

Cependant ſelon l'Apologiſte pour caracteriſer le Soleil ſur un Taliſman, il faut le dépeindre comme un Roy. Donc il faut que l'ouvrier qui veut faire un Taliſman ſe figure le Soleil dans la phantaiſie, au contraire de l'image qu'il aura pris des ſens, ce qui eſt une chymere qui détruit toute la Philoſophie en laquelle il cherche de l'appuy.

Il dit de plus, *Que cette image* pages
chimerique de l'imaginative deter- 74.
mine l'influence, & la communi- 75.
que au Taliſman : tout ainſi qu'une femme groſſe imprime les images des obiets ſur le corps de ſon fruit.

Sans mentir voila une plaiſante réverie. Pour donner iour à cette condition ſoupçonneuſe du Taliſman, il cherche une matiere fort embroüillée. Et aprés avoir ſuffiſamment prouvé, ce luy ſemble, l'attention & l'arreſt de l'eſprit à

l'ouvrage, est necessaire pour déterminer l'influence, par cet exemple, que les images de l'imaginative de la mere passent sur le corps de son enfant, comme s'il avoit emporté une grande victoire, il triomphe de ceux qui n'adherent par à ses sentimens; *Croire certains effets* (dit-
page 77. il) *& n'en croire point d'autres aussi faciles à persuader, c'est estre du nombre de ces opiniastres & incredules qui ne veulent adiouster foy qu'à ce qu'ils voyent & peuvent concevoir, & faisant la regle de leurs iugemens la regle de nos croyances; pensent que tous les autres n'ont point la veuë plus perçante qu'eux, & ne sçauroient porter leurs esprits plus haut pour découvrir de nouvelles lumieres.*

Ie passe le reste de son invective sous silence, pour ne luy point trop donner de confusion en l'éclaircissement d'un poinct de Philosophie qu'il n'entend pas, ou qu'il fait semblant de ne pas entendre; c'est c'est à sçavoir pourquoy une femme enceinte communique les ressemblances de son imagination à son enfant : car aussi-tost que cette merveille de Nature sera connuë, la raison de l'Auteur sera aneantie.

Pour donc le faire avec plus de clarté, il faut remarquer deux choses : la premiere, que c'est une loy naturelle au semblable d'engendrer son semblable, *simile generat sibi simile*, disent les Philosophes.

La seconde, que la femme, entant qu'elle engendre, a beaucoup de ressemblance avec les images qu'elle a dans l'imagination, & vers lesquelles elle est actuellement occupée ; puis que la faculté visive qui regarde attentivement l'objet, en reçoit l'espece & la ressemblance, laquelle passe aussi-tost dans la phantaisie, qui non seulement la conserve dans ses tresors, mais sollicitée par l'appetit qui la desire, elle se la represente toûjours avec tant de vivacité & d'affection, qu'elle est toute figurée de cette image : de sorte que comme cette faculté domine particulierement en la generation, il est autant naturel à la femme de communiquer les images de son imaginative à son fruict, qu'il luy est naturel d'engendrer son semblable.

Mais de vouloir rapporter cette raison à la confection des Talismans, c'est une absurdité capable de faire rire Heraclite : C'est vouloir prouver que faire des Talismans, c'est engendrer ; que tous les ouvrages des Peintres, des Graveurs & des Sculpteurs, sont autant de generations de leurs semblables ; que quand un Astrologue caracterise une beste, il engendre son semblable. Bon Dieu dans quelles folies l'Auteur s'est ietté, pour s'estre appuyé sur un poinct de Philosophie qu'il n'entend pas !

Quand donc il oppose avec tant

de chaleur, que la femme imprime les images de ſon imaginative ſur ſon enfant, & que par la meſme raiſon le Sculpteur en fera autant ſur ſon caractere; il ne faut que luy répondre, que la femme engendre ſon ſemblable, & que le Sculpteur en cét ouvrage de ſes mains ne fait pas une generation: puis qu'il faut que la generation vienne d'une cauſe univoque, & que *ſit origo viventis à vivente principio vitæ coniuncto in ſimilitudinem naturæ*. Il faut que le terme produit ſoit vivant, qu'il ſoit ſemblable à ſon principe; c'eſt à dire, qu'il faut que le caractere ſoit animé de vie & de ſentiment, qu'il ſoit ſemblable au Sculpteur dont il ſera le fils; & que le Sculpteur luy ſoit ſemblable dont il ſera le pere: que la beſte qu'il aura gravée luy ſoit ſemblable, & que luy ſoit ſemblable à la beſte: & alors ſera accomply le ſouhait du Pſalmiſte, *Similes illis fiant qui faciunt ea, &*

omnes qui confidunt in eis. Voila les absurditez que l'Auteur doit prouver, avant que de faire valoir sa raison.

D'ailleurs, l'enfant enfermé dans la matrice est une partie de sa mere, il est un mesme corps avec celle qui luy donne la vie. Et quoy qu'aprés l'infusion de l'ame, les personnes soient differentes ; toutefois les principes de la nourriture, le sang, & les humeurs qui entretiennent la vie animale, procedent d'une mesme source, c'est à dire du corps de la mere : c'est pourquoy l'imagination de la femme grosse peut agir & communiquer ses qualitez sur son fruict ; & quant aux especes, elle a bien plus de facilité de les imprimer sur le corps de son enfant, que sur le sien propre ; pour deux raisons, la premiere, parce que les representations des choses se gravent plus aisément sur de la cire molle, que sur de l'acier dur & solide, mais perſonne ne doute, que les membres de l'enfant qui eſt encore à naiſtre, ne ſoient mols comme de la cire, & que ceux de la mere ne ſoient ſolides, & durs comme de l'acier, en comparaiſon de ceux de ſon enfant: & par conſequent elle aura bien plus de facilité à imprimer les eſpeces de ſa phantaiſie ſur le corps de ſon enfant, que ſur le ſien propre.

La ſeconde raiſon eſt, qu'il ſe fait une plus grande abondance d'humeurs & d'eſprits ſur l'enfant pendant qu'il eſt en la matrice, que ſur les autres parties de la mere, eſtans attirez avec plus d'effort ſur l'enfant, qui ſucce ce qu'il y a de plus doux au ſang. Or comme ces eſprits qui coulent inceſſamment avec le ſang pour la nourriture de l'enfant, ont leur origine au cerveau, & qu'ils ſont tirez du gros, ſur lequel les eſpeces & les phantoſmes de l'imagination ſont gravez; ils emportent avec eux ces especes, & particulierement celles vers lesquelles l'imagination est plus occupée, comme estant plus vives & mieux imprimées.

De sorte qu'il arrive la mesme chose qu'à un miroir, qui ne fait voir estant en son entier, qu'une seule image de l'objet, mais cassé en vingt pieces, chacune montre l'espece toute entiere; parce que la nature de ces images est de soy indivisible, & ne se divise qu'à cause des sujets où elles sont; ainsi le phantosme estant au cerveau, il ne fait voir qu'une mesme chose; mais une partie de ces esprits se separant du gros, l'emportent toute entiere, & arrivant avec le sang au fœtus qui les tire incessamment par les veines umbilicales, y gravent l'image qui leur est consignée.

Auic. l. des Animaux c.3.

Avicenne confirme cette raison, disant, qu'une forte imagination meut promptement les esprits fort mobiles de leur nature, & leur imprime l'image de la chose dont la mere a grand desir, & puis aprés les esprits figurent la mesme espece au sang qui est l'aliment le plus proche dont l'enfant se nourrit; & comme le Ciel & le Soleil communiquent en l'air l'espece & la faculté formatrice des animaux dont la generation est equivoque, tout de mesme l'imagination imprime aux esprits les figures & les especes des choses imaginées: & ces especes par une transfusion sont receuës sur le corps de l'enfant. C'est donc par un principe naturel de generation que la femme imprime les images de sa phantaisie sur le corps de son enfant; ce qui ne se peut seulement penser de la confection des Talismans.

LA REFVTATION DES Auteurs citez par l'Apologiste.

CHAPITRE XII.

IL n'auroit fallu que détruire une des conditions que requiert l'Apologiste pour ruiner toute sa doctrine : toutefois, afin de ne luy pas donner sujet de plainte, ie le veux chercher dans le dernier appuy qu'il pourroit pretendre pour la iustification de ses Talismans, c'est à sçavoir les Auteurs dans lesquels il a puisé ses réveries.

Les seuls noms de ces Prophanes sont capables de donner plus d'effroy aux bonnes gens, que ses Talismans ne donneroient de terreur à une armée. Almansor, Messahahla, Zahel, Albohazen, Halyrodoam, Albaternius, Homar, Zagdir, Hahamed, Serapion : & autres anciens Arabes, c'est à dire, anciens Idolastres & Magiciens, rappor- *page* tent (dit-il) des exemples tres ve- 14. ritables des Talismans ; à ces Arabes il adiouste le grand Hermes 100. Egyptien, & pour donner plus de croyance à son autorité, il dit, qu'il n'a iamais esté soupçonné de Magie. I'advouë avec luy, que ce dernier est le plus homme de bien de tous ses Auteurs : quand donc i'auray fait voir qu'il estoit un insigne Magicien, & que ses figures sont superstitieuses & diaboliques, n'auray-ie pas sujet de soupçonner tous les autres ?

S. Augustin dit, que cét Egyptien parlant des statuës & des images Talismaniques, asseure que ses Ancestres dont il avoit puisé sa doctrine, en ont esté les premiers inventeurs. Et pour montrer qu'ils n'avoient point trouvé ce secret que par l'instigation du Diable, il dit que les hommes ont receu cette merveilleuse puissance de faire des

Dieux, qui sont des Talismans & des figures dans lesquels il y a des esprits liez, qui peuvent beaucoup aider ceux qui les honorent à executer leurs desseins. Il faut lire les Chapitres vingt-trois, vingt-quatre, vingt-cinq, & vingt-six du livre huictiéme de la Cité de Dieu, pour connoistre que ce grand Hermes estoit Magicien, & que ses figures viennent d'un pacte avec le Diable, puis qu'il declare avoir appris de ses Ancestres l'art de lier les Demons aux caracteres, & que ses peres l'avoient receu des Diables qui sont les Dieux des Gentils, *Dij Gentium Dæmonia*.

Iean François Pic de la Mirande dit que le Demon a inspiré la Magie & la superstition, non seulement au peuple grossier, mais mesme au trois fois grand Hermes. *Nec plebi solum Idolorum persuasit cultum malignus Sathan, sed & ipsum ter maximum Hermetem in errorem pepulit.*

Pic. l. 4. de præenot. c. 4.

C'est chose estrange qu'il faille s'autoriser des Idolâtres pour iustifier un poinct que tous les fideles soupçonnent de Magie ; n'est-ce pas assez de dire qu'ils sont Payens, pour croire que leurs figures & leurs images sont diaboliques, puis que par l'aveu mesme de l'Auteur ils en faisoient leurs Dieux tutelaires ?

Quant à Salomon, le Livre que
l'Apologiste luy attribuë n'est point 97.
de son estoc ; c'est le propre des
Infideles, dit tres-bien Pic de la
Mirande, qui estans trop foibles
pour persuader des réveries & des
mensonges, de les ietter sur les
plus grands hommes du temps passé,
afin de leur donner plus d'éclat ;
ainsi les Gnostiques se vantoient
que Zoroastre estoit l'Auteur
de leur doctrine erronée : Et
quelques-uns du party des Talismans
ont esté si temeraires de
faire l'Ange de l'Escole S. Thomas
defenseur des Images Negroman-

tiques ; ils ont tiré mesme S. Ierôme de leur costé ; & d'autres par une extravagance insupportable ont dit, que l'Ange de Thobie l'avoit enseignée : mais ce nouveau venu voyant que ses compagnons n'ont point reüssi dans leurs impostures, s'est avisé de faire Salomon Auteur d'un Livre superstitieux & plein de Magie, intitulé, *Les Sceaux des pierreries*, quoy que iamais les Ecrivains Ecclesiastiques n'ayent avoüé que ce Livre fust de luy.

Mais quand mesme Salomon en seroit l'Auteur, ne sçait-on pas qu'il a perdu l'esprit de Dieu, qu'il a eu commerce avec les femmes addonnées à la superstition ; qu'il a presenté de l'encens aux Idoles, & qu'il a adoré comme Dieu les images de ses mains?

Iosephe au l. 8. des Antiquitez Iudaïques, declare clairement qu'il estoit addonné à la Magie & aux sciences qui sont inspirées par le Demon.

Le grand S. Gregoire au Livre douziéme des Morales en dit de mesme. Le docte Albert au Traité *de Speculo Astronomiæ*, reconnoist que ses caracteres sont superstitieux, *Est modus* (dit-il) *detestabilis qui fit per inscriptionem caracterum &c. vt sunt annuli Salomonis & novem caudariæ, & tres figuræ spirituum qui dicuntur principes in quatuor plagis mundi, & almandal Salomonis & sigillum ad Dæmoniacos.*

Puis donc que les Anciens n'ont iamais receu ce Livre comme orthodoxe, mais l'ont toûjours rebuté comme infame & detestable, ne doit-on pas croire qu'il contient une mauvaise doctrine, quand mesme Salomon devenu Magicien (cōme parle Iosephe) en seroit l'Auteur ? Et certes quand toutes ces raisons n'auroient aucun poids pour détourner les sages de ces vanitez ; les exemples que l'Apologiste produit comme les plus ſpecieux de ce Livre *des Sceaux des Pierreries*, ne font que trop voir que leurs operations ſont contre l'ordre de la nature, & qu'il n'y a aucune connexion de ces figures avec les effets qu'elles produiſent : ce qui toutefois eſt neceſſaire pour eſtre iugées innocentes & naturelles; car pourquoy la figure d'un homme gravée ſur du jaſpe vert, ayant un Bouclier pendu au col, un caſque en teſte, un glaive élevé à la main, & foulant un ſerpent aux pieds, rendra-t-elle celuy qui la portera par tout victorieux & invincible? que l'Auteur réponde, & qu'il montre la connexion naturelle de la cauſe & de l'effet en cette figure, ou qu'il en advoüe la ſuperſtition avec tous les ſages.

Qu'il rende raiſon pourquoy la figure du Scorpion & du Sagittaire ſe combattans, gravée en quelque pierre, & enchaſſée dans un anneau de fer, cauſe les diviſions parmy ceux qui en ſont touchez? Pourquoy au contraire la figure du Belier avec la moitié du Taureau gravée ſur une pierre, & enchaſſée dans l'argent apporte la paix & la concorde? Pourquoy la figure du Verſeau gravée ſur une Turquoiſe, fait gagner aux Marchands tout ce qu'ils veulent? Pourquoy la figure de Mars, qui eſt un Soldat armé avec ſa lance grauée ſur une pierre, rend l'homme belliqueux? Pourquoy la figure de Iupiter, qui eſt la forme d'un homme, ayant une teſte de Belier, gravée ſur quelque pierre, rend celuy qui la porte, aymable, gracieux, & luy fait obtenir l'effet de ſes deſirs? Pourquoy la figure du Capricorne gravée ſur une pierre precieuſe, & enchaſſée dans un anneau d'argent, rend l'homme invulnerable en ſa perſonne & en ſes biens?

Voila les exemples que l'Auteur avoüe avoir tiré du Livre deteſtable *des Sceaux des Pierreries* , & qu'il approuve comme naturels. Et comme il est évident que ces caracteres qu'il approuve, sont fondez sur les mesmes principes que les siens, & que ce sont des monstres de mesme nature, il ne faut que les mesmes armes, & le mesme effort pour les détruire, c'est à dire, qu'il n'est pas necessaire d'y employer d'autres preuves que celles qui ont refuté ses images dans les Chapitres precedens, puis qu'elles en font voir clairement la superstition.

Il ne reste plus qu'Albert le Grand digne de consideration, entre tous ses Auteurs ; & il n'y a point d'apparence que luy qui a condamné les caracteres qu'on attribuë à Salomon, approuve ceux de l'Apologiste. Aussi n'a-t-il iamais traité les images à sa mode, iamais il n'a avoüé que les Dieux tutelaires des Payens, les Boucliers Romains, les statuës fatales, & le

Palladium de Troye fussent des Talismans innocens ; Pour l'ordinaire il ne parle des caracteres que comme des effets produits par la Nature, & souvent sans l'artifice des hommes : tels que sont les exemples qu'il produit, pour ce sujet au Traité troisiéme des Mineraux, Chapitre premier ; comme cette image qui representoit le Chef d'un Roy portant une Couronne, & tous les traits du visage avec une longue barbe, que la Nature avoit gravé sans artifice humain sur une pierre de Marbre.

Le lieu où il pourroit favoriser l'Apologiste, est au Traité *de Speculo Astronomiæ*, où il prend plaisir à examiner les Livres de ceux qui ont écrit des caracteres, & des figures Astrales, dont il en refute plusieurs, & en loüe quelqu'un. Entr'autres, aprés avoir estimé les Oeuvres de Ptolomée, specialement le Livre qui commence *Opus imaginum Ptolemæi*, immediatement aprés, ne se confiant point trop à son sentiment, il conclud, que si ce Livre contient des conditions superstitieuses inconnuës, il doit estre rejetté : *quod si conditiones Necromanticæ sunt, intolerabilis est sicut & cæteri maledicti, quos nullus sanæ mentis excusare præsumit.*

De-là il est évident que ce Docteur a parlé bien plus sobrement de cette matiere dangereuse, que l'Auteur ; cependant il ne laisse point d'estre blâmé par Gerson d'avoir trop incliné à la superstition en traitant des caracteres, aussi est-il desavoüé de tous les Theologiens en ce poinct. Et par consequent quand il seroit du party des Magiciens, cela ne nous empescheroit pas de conclure contre les Talismans, en opposant au contraire la parole de Dieu, les Peres, & les Docteurs de l'Eglise qui ont cette doctrine en horreur.

RESOLVTIONS SVR les effets des Talismans.

CHAPITRE XIII.

NOvs demeurons convaincus (direz-vous) que les Talismans sont superstitieux & diaboliques; les autoritez des Peres de l'Eglise, & des Payens mesme, sont trop claires, & les raisons sont trop évidentes pour ne pas acquiescer sur ce poinct. Mais aprés tout, il faut tomber d'accord que leurs operations sont réelles, & que leurs effets prodigieux ne sont point des illusions: ce que S. Augustin semble accorder au l. 8. de la Cité de Dieu, c. 23.

Il se trouve aussi plusieurs exemples qui ne peuuent estre pris pour de seules apparences, mais pour des realitez constantes; comme la statuë de Memnon en Egypte qui se mouvoit, & prononçoit des Oracles & des Propheties, aussi tost que le Soleil l'avoit favorisée de ses rayons. La statuë de fortune de Sejan, qui imprimoit le respect, donnoit de la veneration, & portoit le bonheur à tous ceux qui la possedoient : d'où vient que les Empereurs la laissoient à leurs successeurs. La mouche d'airain & la sangsuë d'or de Virgile, avec lesquelles il empécha les mouches d'entrer à Naples, & fit mourir les sangsuës d'un puits. La figure d'une Cicogne qu'Apollonius mit à Constantinople pour les en chasser. La statuë d'un Chevalier en la mesme Ville qui servoit de preservatif contre la peste. La figure d'un Serpent au mesme lieu, qui empeschoit tous les Serpens d'entrer dans la Ville : d'où vient que Mahomet second aprés la Ville prise, ayant d'un coup de fléche brisé les dents à ce serpent d'airain, une furieuse armée de Serpens semblables à celuy que representoit la figure, vinrent attaquer les Habitans de la Ville, mais ils ne pûrent faire de mal, parce qu'ils avoient tous les dents brisées. La figure dont parle l'Auteur, aprés S. Gregoire de Tours, qui fut trouvée à Paris sous le Regne de Chilperic Roy de France, en creusant quelque fossé de la Ville, qui representoit un Feu, un Serpent, & un Rat d'eau, & cette figure ayant esté ostée de sa place, les Parisiens furent incommodez d'un nombre prodigieux de Serpens & de Rats d'eau, & il arriva un grand embrasement qui brûla presque toute la Ville. Tous ces exemples ne peuvent estre pris pour des illusions. Et par consequent il faut avoüer que les effets des Talismans sont réels & non phantastiques.

page 15.

Ie répons, que les Talismans considerez en leurs matieres & en leurs figures, n'ont aucun effet au dessus de leur nature: c'est à dire, qu'un Talisman de cuivre n'a point d'autres proprietez que le cuivre mesme : mais parce qu'ils sont les signes d'un pacte auec le Demon, il arrive quelquefois que l'esprit malin produit des effets extraordinaires en veuë de ces simulachres, pour entretenir les hommes dans une vaine superstition, & dans une confiance criminelle à ces Idoles ; c'est de-là, au rapport de S. Augustin, aprés Trismegiste, que les peuples ont commencé à adorer les statuës & les images comme des Divinitez, admirans les prodiges des Talismans. Et c'est pour cette raison, que Dieu a defendu expressement de faire des caracteres, ny aucune representation des choses du Ciel, *Non facies tibi sculptile neque similitudinem omnium quæ in cœlo sunt.* Ce qu'étant posé, la resolution pour les effets des Talismans, consiste à sçauoir ce que peut le Demon, & comment il produit les choses extraordinaires , en consequence du pacte fait avec le Magicien.

Il est certain que le Diable en son origine estoit un Ange de lumiere, qui avec les dons surnaturels, avoit une connoissance parfaite de toute la nature : Et ayant perdu les premiers par son peché, la science naturelle luy est demeurée, qui est telle qu'il n'ignore rien de toutes les perfections des simples & des composez. Il connoist toutes les proprietez des herbes, toutes les vertus & toutes les facultez des choses naturelles, & il a cet avantage, qu'il en peut extraire les qualitez sans mélange des autres accidens, qui en empescheroient, ou au moins en retarderoient l'operation. Et comme il peut extraire les vertus des choses naturelles avec tant d'avantage, il les peut aussi appliquer de mesme; Par exemple, si c'est pour guerir une blessure, il peut insensiblement nettoyer le pus, & toutes les humeurs malignes qui pourroient faire obstacle à la vertu de ses remedes, mesme il peut purifier le sang, & fortifier tellement la partie blessée, soit par un écoulement d'esprits naturels des autres parties du corps sur la playe, soit par d'autres causes exterieures; que tout cela ioint ensemble, l'on voit des cures prodigieuses en moins de rien.

Si c'est pour guerir des maladies causées par la corruption des humeurs, il a encore plus de facilité, parce qu'il en peut oster la cause; & n'y ayant point d'humeurs dans le corps humain qui ne puissent estre purgées par la separation des accidens vicieux qui les corrompent, il peut sans violence oster ces accidens, & remettre le malade dans une meilleure santé qu'il n'aura esté de sa vie.

De là vient qu'il a inventé des Talismans pour guerir toutes sortes de maux, tels que sont ceux que produit

produit l'Auteur, ſous les figures du Taureau, du Belier, & du Lion: non pas que ces caracteres ayent aucune vertu d'eux meſmes, mais c'eſt qu'ils ſont les ſignes du pacte par lequel le Demon a promis au Sorcier de produire de tels effects en veuë de ces ſimulachres, faiſant volontiers un petit bien temporel, pour cauſer un grand mal ſpirituel: car comme dit S. Clement, *hoc intuendum eſt quod ea quæ ſciunt, non ad ſalutem, ſed ad deceptionem proferunt animarum.* Clem. l. 4. recognit.

Mais ſi le Demon a connoiſſance de toutes les vertus favorables des choſes naturelles, il en connoiſt auſſi toutes les qualitez nuiſibles, pour cauſer les maladies, la peſte, la famine, les ulceres, & une infinité d'autres maux: il n'ignore point non plus ce qui peut émouvoir les paſſions, & incliner les affections: c'eſt pourquoy il a enſeigné le Taliſman de Venus pour donner de l'amour & de la ioye;

celuy du Scorpion & du Sagittaire se combattans, pour causer de l'aversion, & de la haine; celuy de Mars pour la hardiesse, & ainsi des autres. Et comme autrefois dans l'Egypte il fit plusieurs prodiges par les Mages qui resisterent à Moïse, iusques à changer leurs baguettes en Serpens, & à produire un nombre prodigieux de grenoüilles; il en peut encore faire autant, & par consequent il ne faut point s'estonner des Serpens qui parurent à Paris sous le Regne de Chilperic, ny de ceux de Constantinople sous Mahomet second: parce qu'en appliquant les actifs aux passifs, il peut mettre en effet tout ce qui est faisable par les loix de la nature. Ainsi i'avouë que les Talismans, entre plusieurs tromperies & illusions, sont quelquefois suivis d'effets réels; non point par leurs vertus, mais par l'operation du Diable.

D'autresfois aussi l'esprit malin se

ſert des Taliſmans pour ſignifier aux Infideles ce qui doit arriver, comme le ſimulachre d'Apollon, dont parle S. Auguſtin, qui pleura quatre iours le malheur des Grecs qui devoient eſtre vaincus par les Romains. Celuy de Iunon ſous le Conſulat d'Æmilius Paulus, & de Bebius Pamphilus, qui prognoſtiqua par ſes larmes la contagion horrible qui arriva en Italie. Et ceux dont parle Lucain.

Aug. l. 3. de Civit. c. 11.

Indigetes fleviſſe deos vrbiſque laborem
Teſtatos ſudore lares.

Au reſte, comme cét imposteur n'obeït iamais aux hommes, que pour leur commander eternellement, & qu'il ne leur procure iamais aucun bien qu'à mauvaiſe intention, & pour leur cauſer un grand mal; il arrive ſouvent que ceux qui ſe ſervent d'un ſi deteſtable Maiſtre, ſoit par les Taliſmans, soit autrement, tombent enfin dans un extréme malheur, & souvent dans le desespoir de leur salut eternel.

DES FIGVRES SAINTES & prophanes des anciens Hebreux, & de celles qui sont encore auiourd'huy dans le Christianisme.

CHAPITRE XIV.

A Tous les Auteurs cy dessus, l'Apologiste adiouste la pratique des anciens Hebreux, asseurant qu'ils se servoient des Talismans, & que Tahel, Ragahel & Tethel, ont enseigné la façon & la matiere dont ils doivent estre composez.

page 14.

Ie ne veux point entrer dans la discussion des sentimens de ces Auteurs, qui n'estant point connus des fideles, ny mesme advoüez parmy ceux de leur Nation, c'est un signe manifeste que leur doctrine ne vaut rien. Et peut-estre qu'ils estoient de ceux dont parle Elias Levita, qui faisoient des caracteres les plus abominables que l'Enfer puisse produire, parce qu'ils tuoient un homme le premier nay de sa famille, auquel ils arrachoient la teste, & ayant embaûmé le reste du corps, ils le mettoient sur une lame d'or, où estoit écrit le nom de l'esprit immonde, par qui le Talisman recevoit son pouvoir. Voila la façon execrable de composer des caracteres parmy les Iuifs infideles à leur Loy: Et quand mesme les Auteurs cy-dessus auroient fait leurs figures Talismaniques d'une autre maniere, elle ne seroit pas pour cela moins superstitieuse & diabolique, quoy que peut-estre moins noire & execrable.

Il est vray pourtant qu'il y avoit des images & des figures parmy les Israëlites qui semblent avoir eu des pouvoirs merveilleux ; mais la question est de sçavoir si leur vertu estoit naturelle. Gaffarel amy de l'Apologiste, les soûtient telles : & moy ie dis qu'il y en avoit de deux façons, des divines inspirées de Dieu, & des magiques composées par l'instinct du Demon. Et pour convaincre Gaffarel, & establir la verité de ma proposition, ie me veux servir des mesmes armes qu'il employe pour soûtenir l'innocence pretenduë des caracteres, qui sont les Theraphins, dont parle l'Escriture. Et sans m'étendre sur les diverses opinions de ceux qui en ont écrit, ie m'arresteray aux sentimens de S. Ierôme, qui dit que ces Theraphins estoient des figures telles que sont aujourd'huy les Cherubins, & les Seraphins, que l'on met dans les Eglises pour servir d'ornement aux Autels. Ce qu'estant posé, il reste à voir qu'il y en avoit des sacrés & des prophanes, c'est à dire, des divins & des diaboliques.

Le Prophete Osée parle des premiers, lors qu'il dit, que pour la punition des Israëlites qui avoient eu confiance aux Dieux étrangers, ils seroient plusieurs années sans Rois, sans Princes, sans Sacrifice, sans Autels, sans Ephod, & sans Theraphins. Osée c. 3.

Cette expression, à mon avis, est avantageuse pour montrer la dignité des Theraphins, puis qu'ils sont mis au nombre des choses les plus sacrées, & que leur privation est une punition de la part de Dieu; d'où il faut conclure, que ces figures estoient divines, & leurs vertus estoient surnaturelles, comme celles des Sacremens.

Le Serpent d'airain dressé par Moïse dans le desert, qui estoit un Theraphin, montre évidemment qu'il y avoit des figures inspirées de la part de Dieu, dont le pouvoir estoit miraculeux; puis que l'Escriture nous apprend, que celle-cy chassoit les Serpens, & guerissoit leurs morsures ; & avec tant d'avantage, qu'un nombre presque infiny de personnes furent delivrées de la mort par le seul regard de cette figure. Ie sçay bien que quelques Athées, qui rapportent tous les prodiges que nous lisons dans les Saintes Lettres, à la puissance de la Nature, ont voulu dire que ce Serpent d'airain estoit un Talisman naturel : mais outre que l'Escriture nous apprend le contraire, ceux qui veulent iustifier la doctrine Talismanique, advouënt que ce caractere estoit directement opposé à leurs regles. Premierement quant à la matiere, parce qu'il n'y a rien de plus nuisible aux morsures des Serpens & des Viperes, que le cuivre & l'airain. Et aussi quant à la figure, qui au lieu d'estre antipathique aux effets des Serpens, elle leur est en tout semblable & symbolique ; de sorte qu'il est croyable que Dieu ayant commandé à Moyse de forger un Serpent d'airain, plutost que d'un autre métail, c'estoit pour faire connoistre aux Israëlites, qu'il les guerissoit par un remede qui ne pouvoit estre du ressort de la Nature : & les ayant seulement obligez de regarder cette figure pour estre delivrez de la mort, c'estoit pour leur apprendre, que leur salut estoit un pur effet de sa misericorde & de sa grace. Ce qui prouve suffisamment la premiere partie de ma proposition, sçavoir, que dans l'ancienne Loy il y a eu des Theraphins sacrez, c'est à dire, des figures divines, dont le pouvoir estoit surnaturel & miraculeux.

La seconde partie n'est pas moins facile à prouver, sçavoir qu'il y a eu aussi des Theraphins diaboliques & superstitieux parmy les anciens Iuifs : car au Livre des Iuges il est remarqué que Michas excité par la superstition de sa mere, fit fondre deux cens pieces d'argent, dont il forgea des Idoles, qu'il nomma Theraphins, *fecit Ephod & Theraphim, id est vestem sacerdotalem & idola.*

L'exposé seul de l'Histoire suffit, pour montrer que ces Theraphins estoient diaboliques, parceque l'Ecriture les appelle Idoles ; ce qui ne peut estre pris dans un bon sens, non plus que le terme d'Idolatrie, qui signifie toûjours le culte abominable des Demons, opposez à la vraye Religion qui n'a qu'un seul Dieu pour obiet. Aussi Michas en faisoit ses Dieux domestiques, ausquels il offroit des victimes, & leur presentoit de l'encens, d'où l'on ne peut douter que ces Theraphins ne fussent diaboliques.

Philon Auteur Iuif, cité par Gaffarel, dit que c'estoient trois statuës de ieunes garçons, trois de ieunes veaux, avec les figures d'un Lion, d'une Aigle, d'un Dragon, & d'une Colombe. Adioustant que ces Theraphins rendoient des Oracles,

& que la Colombe découvroit la fidelité ou l'infidelité des femmes envers leurs maris : que les statuës des garçons avertissoient les parens du bien ou du mal que faisoient les Enfans : que l'Aigle donnoit l'invention d'acquerir les richesses : que le Lion inspiroit la force & la puissance : que les Veaux favorisoient les fils & les filles, & que le Dragon faisoit connoistre la longueur ou la briéveté de la vie. Ce qui ne peut estre que diabolique.

Les simulachres de Laban doivent estre mis au nombre des Theraphins superstitieux, pour les mesmes raisons que ceux de Michas, puis que l'Ecriture sainte les appelle Idoles, & que Laban reconnu pour Idolâtre par tous les Peres de l'Eglise, en faisoit ses Dieux tutelaires, qui pourtant ne purent point empescher la prosperité de Iacob au preiudice de ses affaires.

Le Veau d'or que le grand Prestre Aaron fit fondre à l'instance des Israëlites, & les simulachres que fit forger Ieroboam en Samarie, sont aussi des Theraphins diaboliques, ou des Talismans superstitieux, puis que l'Ecriture sainte les reprouve, & que ces images attirerent la colere de Dieu contre son peuple.

Cependant, Gaffarel par une passion aveugle de iustifier les figures Talismaniques, asseure contre les paroles expresses de l'Ecriture, & contre le sentiment de tous les fideles, que ces Theraphins n'estoiẽt point des Idoles defendus par la Loy: mais les vrayes representations des Cherubins que Dieu mesme avoit revelé à Moyse.

Il soustient aussi par la mesme passion, que les simulachres de Laban & ceux de Michas estoient des Talismans naturels & permis: mais ces erreurs sont si noires & si éloignées de la verité, que ie n'en puis seulement soupçonner l'Apologiste : & comme il ne me donne pas lieu d'entrer en preuve sur ce sujet, ie renvoye le Lecteur aux Oracles de l'Ecriture sainte, pour connoistre que ces figures estoient diaboliques & superstitieuses ; & pour conclure avec moy, qu'il y avoit parmy les Iuifs en l'ancien Testament des figures saintes & miraculeuses inspirées de Dieu, & qu'il y en avoit aussi d'autres magiques & execrables, composées par l'instinct du Demon.

Mais, dira-t-on, puis que dans l'ancienne Loy il y a eu des images innocentes & merveilleuses dans leur pouvoir, pourquoy ne dira-t-on pas que les Talismans qui sont en usage parmy les fideles, comme ceux que loüe Albert le Grand, ne soient des Theraphins innocens ? Pourquoy ne dira-t-on pas, que quelques statuës & quelques figures qui guerissent des maladies, qui prononcent des Oracles, qui sont en veneration aux Chrestiens, & approuvées des Papes & des Conciles, ne soient des figures exemptes de superstition ?

Ie répons, que les caracteres dont parle Albert le Grand, sont reprouvez avec iustice pour toutes les raisons contenuës dans tous les Chapitres precedens ; où il est montré, ou que leurs effets ne sont point surnaturels, & qu'ils ne peuvent partir de la matiere ny de la forme dont ils sont composez : mais ou qu'ils sont de pures illusions, ou que le Demon en est l'Auteur. Ce n'est pas pourtant qu'il n'y ait des Images miraculeuses dans le Christianisme approuvées de l'Eglise, & en veneration aux fideles. De sorte que si ce Siecle est si malheureux de renouveller la superstition des Talismans, il se trouve aussi des figures saintes, don les effets sont surnaturels. Par exemple, celle qui se voit encore à Rome sur le mouchoir de sainte Veronique, qui represente le vray portrait de IESVS-CHRIST que luy mesme imprima sur ce linge, en le mettant sur sa face venerable. Celle dont parle S. Jean Damascene, & plusieurs Auteurs celebres citez par Baronius, que Nostre Seigneur envoya au Roy Abagarus, comme un gage precieux de son amitié, & pour luy donner asseurance qu'aprés sa mort ses Disciples iroient prescher l'Evangile en son Estat; car cette Image, au dire d'Evagrius, n'estoit pas une representation sterile du visage du Fils de Dieu fait homme, mais elle avoit des vertus toutes miraculeuses, puis que par sa seule presence, la Ville d'Edesse fut delivrée d'une incendie furieuse qui la menassoit d'une ruine inévitable.

Baron. tom I. anno Christi 3.

Evagrius lib 4. Histor.

Le septiesme Synode approuve l'Histoire de l'Image d'un Crucifix faite par Nicodeme, sur laquelle les Iuifs exercerent leurs fureurs, & voulant renouveller le crime de leurs peres, ils attacherent cette

Image à la Croix, & luy percerent le costé d'une lance, d'où sortirent des ruisseaux de sang & d'eau, qui servirent pour chasser les Demons, & pour guerir les fideles de tous maux.

L'Image de la sacrée Vierge Marie tenant son Fils IESVS entre ses bras, qui est à Nostre-Dame de Liesse au Diocese de Laon, doit estre mise au nombre des saintes figures qui se trouvent dans le Christianisme, puis que l'on tient qu'elle fut envoyée du Ciel à trois Gentilshommes François captifs parmy les Infideles, & que les miracles qu'elle opere tous les iours en la guerison des malades, montrent que sa vertu est divine.

A ces Images insensibles l'on peut adiouster les caracteres & les expressions de l'Image de IESVS-CHRIST en l'ame des fideles. Par exemple, la sainte Vierge Marie contemplant avec amour & compassion les peines de son Fils mourant en Croix, elle fut transpercée en l'ame, de sa Croix & de ses cloux, l'amour faisant en son esprit, les mesmes impressions que le fer faisoit au corps de son Fils. On peut dire la mesme chose de sainte Magdelaine, comme aussi de tous les Eleus, puis que Saint Paul nous apprend qu'ils ne sont predestinez qu'en veuë de la ressemblance qu'ils ont avec le Fils de Dieu, *quos præscivit & prædestinavit conformes fieri imaginis filij sui.*

Ces expressions surnaturelles de l'Image de Iesus-Christ en l'ame fidele, sont quelquefois si vives, qu'elles rejallissent au dehors, & se font paroistre sur les corps des plus grands Saints. Par exemple, S. François brûlant d'un amour extréme d'estre crucifié pour la gloire de son Maistre, & voyant que les Infideles & les Barbares, ausquels il preschoit l'Evangile, au lieu de le martyriser, admiroient sa vertu, sans recevoir sa doctrine; il supplia les Anges avec des larmes & des soûpirs ardents de le crucifier: & aprés avoir passé quelques iours dans un desert, un Seraphim descendit du Ciel qui luy imprima les playes de son Maistre, il luy perça les pieds & les mains, il luy ouvrit le costé, il luy navra le cœur, & le rendit la plus sainte expression de Iesus-Christ crucifié.

Sainte Catherine de Sienne a receu les mesmes faveurs : car comme elle avoit un amour extréme pour le Fils de Dieu, elle avoit aussi un desir extréme de souffrir pour luy, rien ne luy sembloit agreable, s'il ne portoit les marques de la Croix. Cét Amant Divin luy apparoissoit plus souvent chargé de playes, que couvert de lumieres : & quand pour éprouver son amour il luy donna le choix de ces deux Couronnes, elle prefera celle d'épines à celle de gloire.

témoignant que le Calvaire luy estoit plus agreable que le Thabor. Le Fils de Dieu satisfit entierement au dessein de son Amante, car il luy imprima ses playes, & perçant ses pieds, ses mains & son cœur, il en fit une de ses plus fideles Images.

Sainte Claire de *Montefalco* receut aussi cette grace, que son cœur fust imprimé des vrais caracteres de la Croix, & de tous les instrumens de la Passion du Sauveur. Mais ce qui est admirable, & à nostre propos, c'est que ces Images n'estoient point steriles en ces grands Saints, elles n'estoient point de simples signes, des faveurs extraordinaires de Dieu en leurs ames: mais c'est qu'elles leur communiquoient la vertu de faire des miracles, & de commander à toutes les creatures.

De sorte qu'il est évident que dans le Christianisme il y a des Images saintes & miraculeuses:

sans parler des figures diaboliques des Ames impies, qui portent en elles le caractere du Diable, qui sont marquées au sceau de la reprobation : & qui endurcies dans le mal ne conçoivent que l'iniquité & n'enfantent que le peché.

RAISONS MORALES contre les Talismans.

Chapitre XV.

page 104. LE *Fils de Dieu* (dit l'Auteur) *a laissé aux Chrestiens en partage deux Divins Talismans, qui chargez des influences de sa grace, comprennent toutes les vertus qu'on pourroit s'imaginer: Nous a-t-il pas laissé la precieuse figure de sa Croix, qui a esté marquée publiquement au dessus du Calvaire, au iour dédié à Venus, parce qu'il nous devoit reconcilier avec le Ciel, & remettre en grace avec son*

Pere, & eſtablir la paix par toute la Terre, qui comprend en elle ſeule infiniment plus de vertus que tous les Taliſmans de la Nature; puis qu'elle chaſſe les Demons, qu'elle donne les Victoires, qu'elle nous ſoumet les Puiſſances, qu'elle éteint les feux, qu'elle meut la terre, qu'elle change l'air, qu'elle calme les eaux, qu'elle arreſte les foudres, qu'elle appaiſe les orages, qu'elle fait trembler tout le monde; & qu'elle donne les vrais honneurs, les vrayes grandeurs, & les veritables richeſſes.

Nous a-t il pas laiſſé en ſecond lieu le riche caractere de ſon Nom, pour faire par ſa vertu tout ce que nous voulons; pour obtenir toutes nos demandes, pour chaſſer les Demons, pour écraſer les Serpens, pour amortir l'action du venin, & pour guerir toutes ſortes de maladies.

Ie ferois tort à l'Auteur de paſſer ſous ſilence ces belles paroles, qui montrent qu'il est Chrestien, qu'il à du respect pour nos Mysteres, & de la confiance aux figures sacrées de nostre Religion : ie veux donc entrer dans son sentiment en ce poinct, & loüer sa pieté; mais de sa pensée, ie concluray contre les Talismans par cette consequence qui resulte de son principe, sçavoir que la *Croix* & le S. Nom de *Iesus* estant deux caracteres souverains qui nous peuvent delivrer de tous maux & remplir de tous biens, que les Talismans des Magiciens sont inutiles, & qu'il suffit aux fideles d'avoir ces deux sacrez caracteres en leur disposition.

Le grand Apostre qui fut ravy au troisiesme Ciel, où il avoit appris les plus hauts mysteres de nostre Religion, méprise tout pour mettre sa confiance en ces deux choses, & se vante de ne sçavoir que Iesus-Christ crucifié. *Iesum Christum & hunc crucifixum.* Pour nous apprendre que IESVS & la

Croix doivent satisfaire tous nos desirs, & reprimer toutes nos vaines curiositez.

Mais pour convaincre plus fortement l'Apologiste, & le combatre par ses propres armes, faisons voir que ces deux signes sacrez ont osté le pouuoir à toutes les figures Talismaniques, qui estoient selon luy les Dieux tutelaires du monde, & qui selon le langage de l'Ecriture, estoient de vrais Demons, & des puissances de tenebres.

Peut-on douter que IESVS n'ait triomphé de toutes les puissances d'Enfer par la Croix ? & que de son gibet il n'ait fait un char où il s'est élevé comme un Triomphant, & d'où il a enchaisné tous les Demons, comme autant d'ennemis défaits. *Expolians principatus & potestates traduxit confidenter, palam triumphans illos in semetipso.* Ad Colos. c.2. Ce qui a fait dire à Origene que deux personnes avoient esté attachées à la Croix, Iesus-Christ visensiblement, de son plein gré, & pour fort peu de temps; & le Demon invisiblement malgré luy, & pour iamais. *Cét illustre vainqueur,* dit S. Ambroise, *monte sur son char, & n'attache point à un tronc d'arbre les dépoüilles d'un ennemy mortel, mais attache à son gibet triomphant les dépoüilles du monde & de l'Enfer; nous ne voyons pas-là comme aux triomphes ordinaires, des troupes de Soldats les mains liées derriere le dos, ny des Rois captifs chargez de chaînes, ny des images des Villes qui ont esté prises & abbatuës: nous y voyons des peuples pleins d'allegresse, appellez non au supplice, mais à la gloire, des Rois qui adorent humblement & volontairement leur vainqueur, & des Villes qui ayant esté prises sans avoir esté forcées, reconnoissent celuy qui triomphe d'elles pour leur vray liberateur; nous y voyons briller les armes de la Foy: nous y voyons,*

Ambr. l. 10. in Luc. c. 23.

y voyons le Prince du monde captif, & les esprits malins qui obeyssent aux hommes qu'ils tyrannisoient autrefois. Toutes ces paroles sont de S. Ambroise : d'où il est évident que IESVS crucifié a dissipé les puissances infernales, & que ses serviteurs, par les mesmes armes qu'il leur a laissé, chassent les Demons, & commandent à ces esprits orgueilleux.

Ces sortes de miracles de chasser les Demons, soit des corps, soit des simulachres, par le signe de la CROIX & le S. Nom de IESVS, estoient si communs aux fideles de la primitive Eglise, que les Payens accusoient les Chrestiens de Magie, & s'imaginoient qu'ils avoient quelques caracteres, ou quelque charme qui leur donnoit cét empire sur les Diables; mais S. Iean Chrysostome avoüant le pouvoir, & desavoüant le crime, disoit aux Payens, *carmina nostra sunt Crux & nomen* IESV. Il est vray que nous avõs des charmés, mais il n'est pas vray que nous soyons Magiciẽs, nos charmes sont innocens, & leur innocẽce nous rend redoutables aux Demons; car le Nom de IESVS que nous prononçons, & le signe de la Croix que nous faisons, composent tous nos enchantemens, & causent toute la terreur des malins esprits.

L'Idole de Serapis détruit par Theophile Evesque d'Alexandrie, peut servir de preuve à cette verité: car c'estoit un simulachre que tous les Egyptiens adoroient comme leur Dieu tutelaire, ils n'avoient pas moins de confiance à ce Talisman, que les Troyens à leur *Palladium*, & que les Romains à leurs Boucliers sacrez; Aussi le Demon avoit donné plusieurs signes de sa presence en cette statuë: & pour se maintenir toûjours en ce domicile où il estoit adoré, il avoit prononcé un Oracle en sa faveur, que si iamais on venoit à rompre ou à briser sa statuë, la Ville d'Alexandrie souffriroit le dernier malheur. Cét Oracle avoit fait tant d'impression sur l'esprit des Egyptiens, que la Foy de Iesus-Christ estoit déja plantée en ce Royaume, qu'on n'osoit toucher à cét Idole. Mais l'Evesque Theophile s'estant muny du signe de la Croix, & aprés avoir invoqué le S. Nom de IESVS, il chassa l'esprit malin, & mit en pieces cette statuë prodigieuse, qui avoit esté iusques alors l'obiet de la superstitiõ des Infideles.

S. Procope par les mesmes armes spirituelles renversa trente statuës Talismaniques, tant il est vray que la Croix & le S. Nom de Iesus sont puissans contre les figures inspirées par le Demon.

Metaphrast. Lip. tom. 6. Scol. 5.

Le grand Hermes Egyptien, & dont les Ancestres avoient esté les Auteurs de ces statuës superstitieuses, a connu, au sens de S. Augustin, que le Fils de Dieu fait homme, triompheroit un iour de tous ces simulachres. Voicy les propres termes de ce Philosophe. *Connoissez, ô Esculape, la force & la puissance de l'homme, qui trouve les moyens de faire des Dieux : car tout ainsi que le Seigneur, le Pere, & le Souverain de l'Univers, est celuy qui fait les Dieux du Ciel ; de mesme l'homme est celuy qui fait les Dieux de la Terre, qui habitent dans nos Temples : parce que la Nature humaine se souvenant toûjours de son origine, continuë de vouloir imiter la Divinité, & comme le Pere & Seigneur fait des Dieux qui luy ressemblent, & qui sont eternels comme luy, l'homme aussi en fait à sa ressemblance.*

Aug. l. 8. de la Cité c.23.

Esculape ayant répondu, *Ne parlez-vous pas des statuës, ô Trismegiste ; Oüi, ô Esculape* (dit Hermes) *car ne voyez-vous pas qu'elles sont animées, remplies d'esprits & de sens, puis qu'elles font tant de prodiges, qu'elles predisent l'a-*

venir, qu'elles font les maladies, & la santé des hommes: & qu'elles donnent la tristesse & la ioye, selon les merites. Imaginez-vous, ô Esculape, que l'Egypte est l'Image du Ciel, ou pour mieux dire, qu'elle en est le Temple; parce que c'est une emanation & une imitation des choses qui se font dans le Ciel. Et neanmoins sçachez, qu'il viendra un temps, que les statuës seront détruites, le culte & la veneration des Egyptiens sera abolie. Toutes ces paroles sont de Trismegiste cité par S. Augustin au lieu sus-allegué.

D'où ce S. Docteur conclud, que cét Idolâtre a eu connoissance de la destruction des Idoles d'Egypte, par IESVS-CHRIST crucifié, duquel il est dit dans le Prophete Zacharie, *J'extermineray les Idoles de la Terre, & il n'en sera plus de memoire parmy les hommes.* Mais particulierement Isaye dit, *Que le Seigneur monté sur*

Zach. c. 23.

Isaye c. 19.

une nuée legere, fera son entrée en Egypte, & qu'il ébranlera tous les simulachres par sa presence. Ce qui arriva, lors que fuyant la persecution d'Herodes, il se sauva dans ce Royaume: car selon la remarque de S. Ierôme, & de plusieurs autres, les Oracles dés lors cesserent, les simulachres & les statuës Talismaniques demeurerent sans effet : quoy que pourtant l'infidelité continuant encore, les figures superstitieuses resterent au mesme estat dans le païs, iusques à tant que la Croix y fust plantée, & la Religion Chrestienne establie ; ce que le Prophete semble vouloir dire dans le mesme Chapitre par ces paroles ; *in illâ die erit altare Domini in medio Ægypti, &c.*

Au reste, il est évident de tout ce discours, que les Talismans sont inutiles, puis que les sacrez caracteres de la Croix & du S. Nom de IESVS, donnent infiniment plus d'avantage qu'ils n'en osent promettre : & qu'ils sont diaboliques, puis qu'ils sont détruits par les choses saintes & divines.

CONCLVSION à l'Auteur.

IL reste maintenant, Monsieur, que vous quittiez le party que vous avez embrassé, & que vous avez pris pour la defense d'une mauvaise cause : autrement, qui que vous soyez, vous passerez pour un mauvais Docteur, pour un semeur de zizanie parmy le bon grain, & on vous attribuëra ces paroles de S. Paul, par lesquelles ie finis :

Si quelqu'un seme des opinions contraires parmy vous, & a d'autres sentimens, s'il n'acquiesce aux paroles de IESVS-CHRIST *& de ses Apostres, s'il contredit à la doctrine qui est conforme aux regles de la pieté ; sçachez que c'est*

Si quis aliter docet & non acquiescit sanis sermonibus &c. 1. ad Timot. c. 5.

un orgueilleux, qui ne sçait rien, encore qu'il paroisse sçavant, & qu'estant couvert de beaucoup de playes, estant atteint d'une maladie qu'il ne connoist point, il languit en la recherche & examen de plusieurs questions inutiles, qu'il embarasse de nouveau par des discours superflus, & tant s'en faut que cela puisse le guerir, qu'il en naist des maux tres-dangereux, comme des envies furieuses, des disputes vaines, des blasphemes impudens, des défiances iniustes entre les personnes, dont l'ambition a corrompu l'entendement. qui sont privez des lumieres de la verité, & qui font servir la Religion à leurs interests, & la mettent en trafic.

Voila l'avertissement que ie vous donne de la part de S. Paul, & vous prie d'en faire vostre profit. Si vous auez assez d'humilité pour cela, & que vous soyez assez genereux pour vous retracter vous-mesme, vous mettrez voſtre conſcience en repos, vous retirerez du peril les Ames que la doctrine Taliſmanique a empoiſonnées, & vous ſatisferez à l'Egliſe pour le ſcandale que vous avez fait en renouvellant l'Idolâtrie ; enfin, vous réjoüirez les Saints, & tous les Fideles qui prendront part à voſtre bon-heur ; & moy en particulier qui ne ſouhaite que voſtre bien, & qui n'ayant recherché que la gloire de Dieu en cét Ouvrage, ne deſire autre choſe que l'eſtabliſſement de la verité, & la deſtruction du menſonge : de ſorte que s'il y a quelque poinct qui ne ſoit pas conforme aux ſentimens que tous les fideles doivent avoir ; ie le retracte dés à preſent, proteſtant que ie veux vivre & mourir dans une parfaite ſoûmiſſion à noſtre Mere ſainte Egliſe, Catholique, Apoſtolique & Romaine.

***

LA POVDRE DE SYMPATHIE soupçonnée de Magie.

AVEC VN APPENDIX DES veritables moyens dont on pourroit s'entre-parler, nonobstant la distance du lieu, & suivant lesquels, plusieurs tant Saints que Prophanes, ont communiqué avec leurs Amis absens & éloignez de plus de cent lieuës.

Par le P. F. FRANÇOIS PLACET, *Religieux de l'Ordre de Premonstré, & Prieur de Bellozanne.*

CONTRE VN LIVRE ANONYME intitulé,

POVDRE DE SYMPATHIE Victorieuse.

AVIS AV LECTEVR.

CE n'est pas tant mon dessein d'écrire contre la Poudre de Sympathie, que contre les raisons de l'Auteur, qui introduisent le commerce avec le Demon, & donnent lieu aux Libertins d'avoir recours à cét Ennemy de nostre salut, en leurs necessitez temporelles.

Ie sçay que plusieurs Medecins trop idolâtres de la Nature, tiennent que la vertu de ce remede est naturelle & innocente: & comme ils sont encore tolerez dans leurs opinions, & qu'il ne m'appartient pas de les condamner, ie traitteray cette matiere sous deux regards, & aprés avoir détruit les faux principes de l'Auteur ; ie produiray des raisons pour & contre ; ie fortifieray son party avec des armes plus puissantes que les siennes. Cependant pour le plus seur, ie concluray, qu'il vaudra mieux s'abstenir de ce remede douteux, que de se mettre au hazard de tomber dans une dangereuse superstition, & de se servir du Demon comme d'un Medecin, qui ne peut estre favorable aux corps que par la perte des Ames.

Et dautant que l'Auteur conclud son Traité par une promesse de donner les moyens aux personnes éloignées de se communiquer quand bon leur semblera, par la loy de sympathie : Ie previendray son dessein en traitant cette question ; non pourtant selon sa pensée, qui ne peut produire que des illusions : mais par des principes tres-solides, appuyez de la tradition, aidez de la Philosophie, & conformes aux plus pures regles du Christianisme, suivant lesquelles ie veux consacrer ma plume dans la recherche de la verité, sçachant asseurément qu'il est impossible de la trouver, en s'écartant le moins du monde de cette source de lumiere.

LA POVDRE DE SYMPATHIE, soupçonnée de Magie.

SON ORIGINE.

CHAPITRE I.

IL est bien vray que depuis le funeste moment que l'homme criminel est décheu de tous les avantages qu'avoit merité l'innocence : l'ignorance & la presomption occupent en son entendement la place de la verité & de la modestie. L'Auteur pourroit lire cette

leçon en sa propre experience, comme il la manifeste dans ses escrits, si la preoccupation ne luy crevoit les yeux, pour rejetter sur les autres, ce qui est deplorable en luy-mesme. C'est cette humeur qui le fait éclater en injures atroces contre ceux qui par une sainte retenuë, n'adherent pas à ses sentimens; c'est peu de chose de les
page traiter d'ignorans, de hiboux, &
3. de chauves-souris; s'il ne les qualifioit de partisans d'Enfer, gagez
page pour obscurcir les plus belles lu-
10. mieres, aussi-tost qu'elles naissent, & étouffer les veritez dans leur berceau.

Encore si ses raisons estoient convainquantes, on pardonneroit facilement à son zele; les nobles productions de son esprit excuseroient en quelque façon la malignité de sa bile, & le respect qu'on auroit pour ses belles pensées, adouciroit la fierté de ses humeurs. Mais ce qui montre que l'Auteur eſt inexcuſable dans ſes emportemens, c'eſt que l'origine qu'il aſſigne à la Poudre de Sympathie eſt ſans fondement, & de deux raiſons qu'il apporte pour eſtablir ce poinct ſoupçonné de Magie, la premiere eſt ridicule, & l'autre eſt impie & ſcandaleuſe.

Elle eſt à la verité (dit il) *un effet de la Magie Divine, ie veux dire de cette Sapience qui découvrit à Salomon, & manifeſte tous les iours aux vrais Magiciens, les dons, les facultez & la vertu de chaque choſe, la puiſſance des cauſes, & le pouvoir de toute la Nature. Cette merveille leur a eſté enſeignée de Dieu meſme, & ils nous en ont fait participans, non pour la blaſmer & condamner, méconnoiſſans un don ſi precieux; mais pour loüer le bienfaiteur, conſolez par le ſecours de ſa vertu.*

Quand l'Apologiſte ſeroit un Oracle, on auroit peine à le croire ſur ſa ſimple parole, ſpeciale-

ment en ce poinct que tous les fideles soupçonnent de Magie; cependant il veut qu'on croye sur sa
foy, sans aucune preuve, que la Poudre de Sympathie est un don Divin, & que son origine est du Ciel:
il veut que l'on soit persuadé que
ce n'est pas seulement une science
naturelle: comme sont la Physique,
les Mathematiques, la Medecine,
& plusieurs autres; mais que c'est
une Magie surnaturelle, une sagesse revelée aux seuls intimes
amis de Dieu, & une science d'un
ordre superieur. N'est ce pas une
haute extravagance à un Auteur
moderne de declarer divin, sans
aucun fondement, ce que l'on estime diabolique; & d'attribuer à
Dieu, ce que toute l'Escole des Sages declare estre inspiré par le Demon? Et n'est-ce pas une presomption insupportable d'avancer qu'-
elle est un effet de cette Sapience
qui découvrit à Salomon les dons,
les facultez, & les vertus de

chaque choſe? puis que l'on ſçait aſſeurément que l'invention de cette Poudre eſt toute nouvelle. Auſſi l'Apologiſte ne trouve point tant d'avantage pour l'appuyer, que ſes Taliſmans. Il ne cite aucun Auteur de ſon party, il n'a point de complice de ſon entrepriſe : parceque depuis ſa naiſſance, qui ne peut compter quatre-vingt ans, il ne s'eſt trouvé perſonne de conſideration qui en ait entrepris la defenſe ; elle n'a eu du credit que parmy les Libertins, dont pluſieurs s'en ſont ſervis à leur dommage, les autres ſans effet, & fort peu avec *fruict*.

Les Recueils generaux.

Il eſt bien vray que Goclenius, & quelques autres Medecins, ont eſſayé d'eſtablir la cure Magnetique des playes, avec un onguent qu'ils ont appellé ſympathique, ſe contentans de panſer l'arme qui les avoit faites : mais parce qu'on ne peut pas toûjours rencontrer l'arme qui a bleſſé, ces nouveaux venus pour encherir sur cette pratique, & la rendre encore plus facile, se sont avisez depuis quelques années, de luy substituer ce remede, avec lequel ils se vantent de guerir toutes sortes de blessures : en appliquant seulement cette Poudre sur un linge trempé du sang ou du pus de la playe du blessé. Et comme la nouveauté donne de la grace & de l'estime aux remedes, aussi bien qu'à toutes les autres choses ; cette Poudre de Sympathie a trouvé dés sa naissance quelque croyance parmy les gens de guerre, qui furent d'abord flattez d'une prompte & facile guerison de leurs blessures les plus mortelles par son moyen, sans y faire d'incisions ny de dilatations plus douloureuses, que le mal mesme ; mais le temps en ayant fait voir la vanité & les impostures, il n'y a plus que les Charlatans qui la protegent, & tous les Sages la condamnent comme superstitieuse & inutile.

QUE LA PREMIERE *raison de l'Auteur est nulle.*

CHAPITRE II.

L'Auteur appuye sa premiere raison sur une invective contre le Demon. Il semble qu'il ait dessein de le faire plus noir qu'il n'est en effet, afin que l'opposant à sa Poudre de Sympathie, qu'il dit estre tres-utile aux hommes, on ne croye pas qu'un si salutaire remede puisse venir d'un si mauvais principe.

I'avouë avec luy, qu'il est l'Ennemy enragé des humains, qu'il est irreconciliable dans sa haine; qu'il ne peut former aucune pensée qui ait pour objet nostre soulagement; qu'il employe tous ses soins à nous faire du mal, & qu'il nous observe pour nous perdre, depuis le premier moment qui nous fait

page 13.

voir le iour, iusques au dernier qui nous ferme les yeux. Enfin, i'avoue tout ce qu'il dit contre le Prince des tenebres ; mais ie dénie la consequence qu'il en tire, sçavoir, qu'il ne se peut faire qu'un si grand ennemy ait enseigné la Poudre de Sympathie : au contraire, c'est pour cette raison, que l'on doit soupçonner que c'est luy qui en est l'Auteur, & qu'il fait glisser son venin sous l'apparence du bien : car il n'agit pas toûjours par une malice ouverte, comme se persuade l'Apologiste, il a mille artifices pour surprendre les hommes : il se déguise souvent en Ange de lumieres pour abuser les simples. Quand il voulut seduire nos premiers parens en l'estat d'innocence, il ne leur proposa point les funestes accidens qui devoient suivre leur offence : tant s'en faut, il dit que la menace que Dieu leur avoit faite de mourir, n'estoit que pour les intimider ; & que s'ils mangeoient du fruict defendu, ils deviendroient ſemblables au Createur ; qu'ils ſçauroient le bien & le mal, & qu'ils ſeroient Dieux comme luy : *Eritis ſicut dii.*

Il en uſa de meſme avant ſa cheute, lors qu'il voulut faire rebeller les Anges ſes inferieurs, car il prit ces Eſprits immortels par leurs intereſts ; il leur fit voir, que le Myſtere de l'Incarnation, qui, ſelon pluſieurs Theologiens, fut le ſujet de ſa revolte, eſtoit la honte de la Nature Angelique, que ſi Dieu vouloit s'allier à quelque Creature, il devoit s'allier aux Anges ; qu'il n'y avoit point d'apparence, qu ils ſe ſoumiſſent à un Dieu, qui eſtant homme ſeroit moindre qu'eux ; ny qu'ils ſouffriſſent un deſordre qui mettroit la confuſion dans toutes leurs Hierarchies, & qui les meſlant avec les hommes, leur feroit perdre tous les avantages de leur nature.

Cét impoſteur ſe gouverne ſelon

la disposition & l'estat interieur des personnes qu'il veut tenter, & il se donne bien de garde de montrer sa malice, quand il pretend attirer les gens de bien dans ses pieges ; c'est pourquoy l'Ecriture l'appelle *callidus tentator*, un fin & rusé tentateur, qui sçait user de fraudes, & qui a mille artifices pour seduire les hommes ; & comme en son origine il estoit la plus noble expression de la Divinité, la plus excellente copie de ce Divin original, & la plus parfaite Image que Dieu ait formé de soy hors de soy mesme ; il a encore le pouvoir de se déguiser en Ange de lumiere, puis que sa nature luy est demeurée, & qu'il n'a perdu que les dons de grace. Et par consequent cette premiere raison de l'Auteur est nulle & ridicule, qui conclud, que la Poudre de Sympathie ne vient point du Demon, parce qu'il est un Ennemy irreconciliable du genre humain, & qu'il ne peut procurer aucun

aucun avantage aux hommes.

Son but principal eſtant la perte de noſtre ſalut, ſouvent il guerit les corps pour tuer les ames; ſouvent, dit S. Auguſtin, il procure un petit bien temporel, pour cauſer un grand mal ſpirituel. Auſſi avons-nous pluſieurs Hiſtoires, qui iuſtifient que cét impoſteur a cauſé pluſieurs biens temporels aux hommes, ſans faire paroiſtre aucune malice exterieure. Car qu'y a-t-il de plus innocent en apparence, que l'avertiſſement qu'il donna à Galien, pour ſauver la vie à un malade deſeſperé, ſçavoir eſt de luy tirer du ſang de la veine qui eſt entre les deux doigts auriculaire & annulaire? qu'y a-t-il de plus innocent, ce ſemble, que d'ordonner de manger des noyaux de pin avec du miel trois iours durant, pour guerir d'un dangereux vomiſſement de ſang? qu'y a-t-il de plus innocent en apparence, que de faire un onguent avec du miel, & du ſang d'un coq blanc, & de s'en froter les yeux, pour recouvrer la veuë? qu'y a-t-il de plus innocent, que de mesler la cendre avec du vin, & de l'appliquer sur les costez pour en appaiser les douleurs? Certes ie pourrois dire avec plus de raison que l'Auteur, qu'on ne peut remarquer en tous ces remedes aucune superstition; qu'on ne voit point de circonstances vicieuses, point de vaines ceremonies; point de paroles inutiles; point de convention; point de signes de Croix marquez mal à propos; point de postures ridicules, & autres pareilles grimaces; Enfin que ces remedes ne s'appliquent point sur un linge qui n'a point de mal, comme la Poudre de Sympathie; mais ils sont specieux mesme dans leur application, puis qu'elle se fait immediatement sur le mal.

L'Auteur fol. 25.

Cependant il se trouve que le Demon a revelé aux hommes tous ces remedes, qui ont esté infaillibles dans leurs operations :il a enſeigné ces leçons profitables à la ſanté des humains. Et quoy qu'il ſoit leur ennemy irreconciliable, il n'a pas laiſſé dans les occaſions de les favoriſer de pluſieurs beaux ſecrets en apparence ; mais ç'a eſté toûjours pour les entretenir dans la ſuperſtition; & pour par un petit bonheur paſſager, les attirer dans un malheur eternel.

Mais (direz-vous) pourquoy croira-t-on que ces remedes favorables viennent du Diable, & non plutoſt d'un bon Ange, comme S. Raphaël qui donna un remede au jeune Tobie pour rendre la veuë à ſon pere? Sans doute l'Auteur, qui eſt ſi hardy que de vouloir iuſtifier ce qui eſt diabolique évidemment, croira d'abord, que ceux-cy ſont innocens, & qu'ils ne peuvent avoir eſté revelez que par un Ange de lumiere, & un amy des hommes; mais il ſera bien trompé, quand il ſçaura que le Demon par l'organe d'une ſtatuë d'Eſculape dans le Temple dedié à ce faux Dieu des Gentils, a donné ces avis ſalutaires, & ces remedes infaillibles aux plus ſuperſtitieux des Idolâtres.

Mos fuit apud Romanos (inquit Maiol⁹ tractat. de vaticinio fol. 533) uſque ad Antoninorum tẽpora, ab oraculis remedia quęrere ſanitatis uti intelligere licet ex ta-

Hiſce diebus Caio cuidam cæco oraculũ reddidit, veniret ad ſacrum altare, ut genua flecteret, à parte dextra, veniret ad lævam, & poneret quinque digitos ſuper altare, & elevaret manum, & poneret ſuper proprios oculos, & rectè vidit, populo præſente & gratulante quod grandia miracula fierent ſub Imperatore noſtro Antonino. Sanguinem revomenti Iuliano deſperato ab omnibus hominibus, ex oraculo reſpondit Deus, veniret, & ex ara caperet nucleos pini, & comederet una cum melle, per tres dies: & convaluit: & vivens gratias egit publicè præſente populo. Valerio Apro militi cæco oraculum reddidit Deus, veniret & acciperet ſanguinem ex gallo albo admiſcens mel, & collyrium conf-

ceret, & tribus diebus uteretur ſupra oculos, & vidit & venit, & gratias egit publicè Deo. Lucio affecto lateris dolore & deſperato à cunctis hominibus, oracululm reddidit Deus, veniret & ex arâ tolleret cinerem, & una cum vino commiſceret, & poneret ſupra latus, & convaluit, & publicè gratias egit Deo, & populus congratulatus eſt illi.

Toutes ces paroles furent écrites ſur une pierre de marbre en langue Latine, comme elles ſont couchées cy-deſſus, & ce par une reconnoiſſance eternelle que les Payens aveuglez de ſuperſtition, rendoient à leurs Dieux, que nous appellons Demons ; dautant que les eſprits malins les favoriſoient quelquefois de certains remedes utiles à la ſanté, pour les maintenir par ce moyen dans la croyance de leur pouvoir. Et par conſequent quand la Poudre de Sympathie ſeroit fructueuſe pour la gueriſon des playes, l'on

bellâ marmoreâ Romæ in Æſculapij templo in inſulâ Tiberinâ invẽta & uſq; adhanc diem apud Maphæos conſeruata. Id etiã teſtatur Hier. Mercurialis l. 1. de Gymnaſticâ.

n'en pourroit rien conclure pour eſtablir ſon innocence.

Mais aprés tout, il eſt certain qu'elle n'a rien que le nom faſtueux de Sympathie, & qu'elle n'eſt qu'une illuſion en effet : veu que l'experience a fait connoiſtre que de cent qui en ont eſté panſez, plus de ſoixante & dix en ſont morts, quoy que leurs bleſſures ne fuſſent point mortelles. Et l'on a connu évidemment que le Demon eſt un mauvais Medecin, & qu'il eſt tres-dangereux de ſe mettre entre ſes mains, puis qu'il fait mourir ceux qui ne ſont point bleſſez à mort; & que s'il rend la ſanté à quelques-uns, ce n'eſt que pour mieux tromper les autres.

QVE LA SECONDE raiſon de l'Auteur contient deux principes impies & ſcandaleux.

CHAPITRE III.

ET puis quand le Demon l'auroit le premier enſeignée aux hommes (dit l'Auteur) *elle ne ſeroit pas pour cela ny vaine, ny ſuperſtitieuſe. Vn treſor enſeigné par le Diable, ne perd rien de ſon prix ; Les beaux enſeignemens & les ſalutaires inſtructions conſervent leur valeur, bien que ſouvent ils ſortent de cette bouche envenimée.* (Remarquez en paſſant la contradiction de l'Auteur, qui dans le Chapitre precedent, ne peut concevoir que le Diable ait enſeigné aux hommes la Poudre de Sympathie, parce qu'elle eſt fructueuſe ; & icy il avouë que les beaux enſeignemens, & les ſalutaires inſtructions

L'Auteur fol. 19.

sortent souvent de cette bouche envenimée.) *Les veritez* (continuë-t'il) *sont de la nature des lumieres qui se plongent dans les marests & dans la bouë, sans alterer leur pureté, elles ressemblent aux perles & aux pierreries qui ne sont pas moins precieuses, bien qu'elles sortent de la salure de la mer, & s'amassent dans la poussiere & dans le sable. L'inimitié que nous sçavons estre entre Dieu & le Demon, ne fait pas qu'il ne puisse dire souvent la verité, & ne demande pas que nous blâmions toûjours ce qui vient de sa part, autrement il faudroit rejetter les avis des pescheurs qui nous preschent la parole de Dieu, il faudroit defendre le commerce avec les Turcs & les Payens, & se bien garder de manier de leur argent, puis que le peché & l'infidelité les constituënt ennemis du Ciel. La defense que l'Eglise nous fait d'avoir aucun commerce avec ces Anges de te-*

nebres, ne s'estend pas à condamner tout ce qu'ils auroient dit & enseigné de veritable ; ie voudrois bien sçavoir si ces scrupuleux zelez & inconsiderez, laisseroient un tresor dans la terre, que le Demon sans pacte & sans conuention leur auroit enseigné : s'ils refuseroient de grandes sommes de deniers qu'il leur voudroit donner sans condition & liberalement ; s'ils fermeroient les oreilles, quand il voudroit, aux mesmes circonstances, declarer les proprietez des simples, les vertus des Plantes, & les facultez des choses naturelles : le pacte seul tacite & explicite avec le Demon nous est iustement defendu, car ce seroit prendre party avec l'Ennemy de nostre Prince legitime, au preiudice de nos fidelitez, & non l'usage d'une chose dont il auroit declaré la vertu. De sorte que quand mesme la Poudre de Sympathie auroit esté enseignée par le Diable, n'y ayant pacte, ny explicite, ny tacite en l'usage d'icelle, elle ne seroit ny vaine, ny superstitieuse, mais innocente & naturelle.

L'Auteur establit ce raisonnement sur deux principes impies & scandaleux; Le premier, que quand le Demon auroit enseigné aux humains la Poudre de Sympathie, qu'elle ne seroit point pour cela ny vaine, ny superstitieuse; en quoy il contredit ouvertement à l'Ecriture Sainte, aux institutions de l'Eglise, & à l'autorité des Peres.

L'Ecriture dit clairement, que quand les Demons, ou leurs Supposts, c'est à dire, les Magiciens, qui agissent par leurs esprits, diroient la verité, neanmoins il ne les faut pas croire: *sed etiam si dixerint vobis & ita evenerit, ne credatis eis.* S. Augustin se sert de ce passage au liure premier de la Doctrine Chrestienne, & fait voir que les veritez dans la bouche du Pere de mensonge, ne sont point pures, mais qu'elles ſont toûjours accompagnées de circonſtances ſuperſtitieuſes qui empoiſonnent les Ames de ceux qui les écoutent : d'où vient que Noſtre Seigneur defendit aux Iuifs de preſter l'oreille au Diable, quoy qu'il dît des veritez ſalutaires : Et ailleurs, lors qu'il le declaroit Fils de Dieu, il luy commanda de ſe taire, *comminatus eſt ei Jeſus dicens obmuteſce.* Pour nous apprendre, que les plus ſaintes inſtructions ſont dangereuſes en cette bouche envenimée, & que les plus nobles veritez ſont alterées par la mauvaiſe intention, & par les circonſtances vicieuſes qui les accompagnent. Ainſi pour uſer des meſmes comparaiſons de l'Auteur, les yeux chaſſieux ſont éblouïs par les plus éclatantes lumieres ; Et quoy que cette noble qualité ſoit tres pure en elle-meſme, elle ne laiſſe pas d'eſtre nuiſible aux ſuiets mal diſpoſez, *oculis ægris odioſa eſt lux*, dit S. Auguſtin. Les

Marci c. 1.

Luc. 4.

rayons mesmes du Soleil reflechis par les cloaques infectes, sont pernicieux à ceux qui les regardent : & ceux qui rejallissent de la Mer morte, donnent la mort à ceux qui sont quelque temps exposez à leurs funestes influences. D'où il ne faut pas s'estonner, si les veritez sont vitiées par la malice du Demon ; car comme disent les Theologiens, *si fortè verum dicat, hoc tamen ideo facit, ut miseros homines ad suam societatem alliciat, & aliquod pactum saltem tacitum secum habeant, & ex consequenti in apostasiam à fide incidant.*

Il n'en est pas de mesme des pecheurs & des infideles, comme pretend l'Auteur ; car les hommes durant cette vie ne sont point tellement obstinez dans le mal, qu'ils ne puissent se convertir, ils sont capables de recevoir les graces du Ciel, & personne ne doute qu'ils ne puissent dire la verité dans une bonne intention : c'est pourquoy l'Ecriture ne veut point que nous les considerions comme ennemis de nostre salut ; mais que nous les regardions comme freres, & qu'en haïssant leurs vices & leurs infidelitez, nous aimions leurs personnes ; au lieu que les Demons, par l'aveu de l'Auteur mesme, sont les ennemis irreconciliables de nostre salut, endurcis dans le mal, & incapables de former une pensée qui ait pour objet nostre bien spirituel : & par consequent, il n'y a point d'inconvenient de recevoir les veritez & les bons avis des pecheurs, puis qu'ils les peuvent donner à bonne fin ; mais non point des Diables, de qui tous les soins & les artifices se portent à nous faire du mal.

Mais s'il nous est defendu d'écouter les veritez de l'esprit malin, à plus forte raison nous est-il interdit d'avoir aucun commerce, ny de recevoir aucun present de luy. Car quelle participation de la iustice avec l'iniquité ? quelle societé Cor. c. 6.

de la lumiere avec les tenebres ? ou quelle convention de Christ avec Belial ? dit S. Paul ; cependant l'Auteur establit pour second prin-
page 20. cipe impie & scandaleux, *que la defence que fait l'Eglise d'avoir aucun commerce avec le Diable, ne s'estend point iusques-là de refuser des grandes sommes de deniers qu'il voudroit donner, ou d'apprendre de luy les vertus des plantes, & les facultez des choses naturelles, pour remedier aux miseres humaines.*

Qui ne voit que l'Apologiste fait banqueroute à la pieté, en introduisant ce principe, & qu'il donne lieu aux Libertins d'avoir recours au Demon pour leurs necessitez temporelles ? Il vaut mieux mourir, dit S. Chrysostome, que de recevoir la santé des Demons, car
Li. 4. des Rois c. 1. que sert il de guerir le corps, & de perdre l'ame ? Et puis, n'y a-t-il point de Dieu en Israël auquel on puisse s'adresser, dit l'Ecriture, sans

avoir recours à Beelzebuth le Dieu d'Accaron ? C'est une honte de nostre Foy, & par consequent une apostasie (dit Albert le Grand) que d'attendre quelque chose du Diable, ou de vouloir recevoir quelque present de luy. *A. b. art. 12.*

C'est prendre party avec l'ennemy de nostre Prince legitime, au preiudice de nos fidelitez, ce commerce n'estant point sans pacte tacite, quoy qu'en dise l'Auteur; car pour un pacte tacite, il n'est point necessaire d'avoir parlé au Demon, ou de s'estre enrollé parmy les Sorciers, il suffit de se servir du Diable, ou d'user de ses remedes, sur tout quand il y a lieu de douter de la superstition; parce que c'est toûjours adherer à luy implicitement, & tacitement. Et quand mesme il n'y auroit aucune paction, ce seroit toûjours un peché de desobeïssance (dit S. Bonaventure) car celuy qui use d'un remede emané du Diable, pour un soulagement temporel, contrevient aux defenſes expreſſes de Dieu, par une communication criminelle avec celuy qui eſt irreparablement excommunié & ſeparé pour iamais de l'Egliſe Triomphante & Militante, auſſi bien que de tous les membres qui la compoſent : *Peccatum erit inobedientiæ, quia ſcilicet propter ſalutem temporalem contravenit divinæ prohibitioni, cum eo habens commercium qui eſt excommunicatus irreparabiliter ſeu æternaliter, præſciſſus totaliter ab Eccleſia tam triumphante quam militante, & omnibus membris eius.* Hact. Bonavent. diſtinct. 7. 2. ſent. quæſt. 3.

LA COMPOSITION ET l'uſage de la Poudre de Sympathie.

CHAPITRE IV.

ON prend du vitriol Romain ou univerſel & Catholique, & meſme du commun, qui portant le nom & l'un des caracteres de cét univerſel, approche plus de ſa nature; & a receu de ſes vertus, plus que les autres corps de cette baſſe region: on l'expoſe au Soleil pendant la Canicule, & eſtant regardé amoureuſement, & arrosé de cette ſource de lumieres, il s'altere doucement, il ſe deſſeiche, il ſe reduit en poudre, il ſe calcine, & ſe blanchit. page 22.

Voila toute la compoſition de cette poudre merveilleuſe, ſelon l'Apologiſte, n'oſant découvrir une condition ſuperſtitieuſe, qui neanmoins, au dire de plusieurs, est absolument necessaire pour obtenir l'effet, parce qu'elle est une suite du pacte par lequel l'esprit malin s'est engagé aux Magiciens, de concourir à la guerison des playes, moyennant cette circonstance, & sans laquelle le vitriol pulverisé, n'a pas plus d'efficace que la cendre. Cette condition est, que durant tout le temps que le vitriol est exposé au Soleil, comme aussi aprés qu'il est reduit en poudre, il ne soit touché d'aucun ferrement; *vetant ne aliquo ferro ipse puluis, tam dum fit quam dum factus est, tangatur, hoc verò superstitiosum magis crediderim*, dit Papyrius fauteur de la Poudre de Sympathie.

L'on y adiouste encore plusieurs sortes de gommes, specialement quand c'est pour guerir des playes où il y a des os cassez, parce que la poudre seule ne peut servir qu'aux simples blessures, sa vertu ne s'étendant point iuſques à rejoindre les os briſez, & à en retirer les eſquilles : De ſorte que non ſeulement le vitriol pulveriſé, mais auſſi les gommes Arabiques, qu'ils employent dans leurs remedes, doivent agir par ſympathie à plus de mille lieuës de diſtance : & l'on peut dire que ces gommes ont une vertu bien plus admirable que le vitriol, puis qu'elles peuvent reioindre les os caſſez, & faire ſortir les eſquilles des playes ſans aucune douleur : au lieu que le vitriol a ſeulement le pouvoir de nettoyer & de refermer les bleſſures. Et ce qui eſt encore plus remarquable, c'eſt que ces gommes, auſquelles on n'a iamais remarqué la vertu de remettre les membres diviſez, & les os rompus, ont receu depuis l'invention de la Poudre de Sympathie, (c'eſt à dire, depuis ſoixante ans) cette faculté ſalutaire, & avec tant d'avantage, que le patient n'en ſouffre point de mal, parce que l'application ne ſe fait point ſur la playe, mais ſur un linge diſtant quelquefois de mille lieuës. Ie laiſſe à iuger au Lecteur ſi ces effets ſont naturels ou diaboliques.

L'Apologiſte ſe doutant bien que cette compoſition de gommes ſeroit trouvée ſuperſtitieuſe, n'a oſé en parler, & pour cacher les defauts de ſa poudre, il n'en a expliqué que la moitié: c'eſt pourquoy il paſſe à ſon uſage en cette ſorte,

page 24. *On trempe un linge dans le ſang, ou pus de la playe du bleſſé, on met un peu de poudre ſur ce ſang, & on le garde en un lieu temperé, ce qu'eſtant reiteré cinq ou ſix iours, quelquesfois plus, quelquesfois moins, les parties diviſées ſe reioignent, la playe ſe referme, & le bleſſé ſe trouve ſain, quand il ſeroit à plus de mille lieuës du linge où eſt appliquée la poudre.*

De cette expoſition reſulte trois conſequences, qui ſemblent ne pouvoir partir d'aucun agent naturel;

Premierement, il faut que la poudre puiſſe agir ſur des ſuiets éloignez, & ſans conionction de la cauſe avec l'effet : en ſécond lieu, il faut que la vertu ne ſoit point receuë ſur le lieu où elle éſt appliquée, parce qu'on ne la met point ſur la playe du bleſſé qu'on veut guerir, mais ſur un linge trempé de ſon ſang. Troiſiémement, il faut que la vertu de la poudre paſſe en un moment quelquesfois à plus de mille lieuës de diſtance, c'eſt à dire, depuis le linge trempé de ſang, iuſques à la playe du bleſſé : ces trois conſequences ſuivent neceſſairement de l'expoſé cy deſſus, & l'Apologiſte ne lés dénie pas : c'eſt pourquoy il ne reſte plus que d'en montrer l'abſurdité.

RAISONS CONTRE LA Poudre de Sympathie.

CHAPITRE V.

EN premier lieu, c'est un axiome de Philosophie, que *non datur actio in distans*, l'agent doit estre conioint avec le patient, ou par sa vertu ou par son suppost, & ce selon les divers effets qui doivent estre produits; par exemple, le feu pour communiquer sa chaleur dans un sujet, il n'est point necessaire qu'il le touche par luy-mesme, il suffit qu'il soit compris dans la sphere de son activité; mais pour y introduire sa forme, il le doit toucher immediatement par soi-mesme: mais l'on ne peut pas dire que la Poudre de Sympathie soit aucunement conioincte au blessé distant de mille lieuës: une petite pincée de poussiere ne peut estendre sa vertu à une telle diſtance : Et il ne ſert de rien d'avancer que les Aſtres ont le pouvoir de communiquer leurs influences & leurs qualitez à plus de mille lieuës, & que la Poudre de Sympathie eſt enrichie des meſmes proprietez. Car ſi le Soleil & les Eſtoilles ont receu du Createur une vertu ſi diffuſe, qu'elle s'eſtende par toute la nature, c'eſt qu'il les a eſtablis les cauſes generales du monde pour donner la vie & la vigueur à toutes choſes. Et comme c'eſt le Souverain de l'Univers qui leur a donné cette vertu, il n'y a point d'artifice humain, qui puiſſe élever les choſes d'icy bas à un ſi haut degré de perfection, qu'elle aille iuſques à partager avec eux les qualitez dont Dieu les a particulierement enrichis, & qui ſont du reſſort des cauſes generales. C'eſt donc une temerité de vouloir ſans aucun fondement, & contre toute raiſon, attribuer au vitriol reduit en poudre les plus nobles qualitez des Astres. Et s'il estoit permis, pour soustenir une opinion nouvelle, de dénier iusques aux principes, & d'avancer de telles extravagances, il n'y a point de Charlatan qui ne puisse vanter ses drogues estre d'une nature celeste, & d'une forme Astrale. Mais sans m'arrester plus long-temps à cette absurde consequence, tirée de la composition & de l'usage de la Poudre de Sympathie, ie laisse à iuger au Lecteur, si c'est une extravagnnce ce que l'Auteur dit du Vitriol pulverisé, sçavoir, *Que c'est un Astre sur la terre qui participant une nature celeste, & une forme Astrale, darde ses vertus par tout, mesme és lieux tres-éloignez, n'a pas la sphere de son activité determinée, & son action tres-subtile ne peut estre empéchée par aucun milieu, de quelque nature qu'il puisse estre.*

page 33.

En verité ce remede seroit bien admirable: mais passons outre, la

façon

façon ordinaire & naturelle de panser les playes, est de mettre les emplastres sur les blessures, en appliquant les actifs aux passifs; & il n'y a point de remede naturel qui se puisse dispenser de cette loy: tous les Philosophes en tombent d'accord, à cause de la relation necessaire qu'il y a entre l'agent & le patient, qui ne peut naturellement subsister sans cette conionction. C'est pourquoy Aristote demande, que tous les corps qui sont entre la cause & l'effet, soient ou coagissants ou compatissants: c'est à dire, ou qu'ils concourent avec la cause à la production de l'effet, ou qu'ils soient receptifs des vertus de la cause, & qu'ils servent comme de canal pour passer iusques à luy: par consequent la Poudre de Sympathie n'estant point appliquée sur la playe, mais sur un linge fort éloigné; il faut que tous les corps milieux reçoivent sa vertu; que toutes les montagnes, les forests, & tous les autres corps opaques & solides distans de mille lieuës, reçoivent les influences merveilleuses du vitriol: & ainsi si quelque Soldat estropié venoit à passer par le chemin que tiendroit cette emanation miraculeuse, il seroit aussi tost guery. Ou s'il se faisoit quelque sanglante bataille dans ce mesme chemin, tous les Soldats blessez se sentiroient incontinent restablis en santé. Toutes ces consequences semblent suivre, puis qu'en ce cas les Soldats blessez seroient les milieux *interiacents*, par où la vertu du vitriol se feroit passage.

La troisiéme absurdité qui suit de l'exposé cy dessus, est qu'il faut que la vertu de la Poudre passe en un moment depuis le linge ensanglanté, iusques à la playe du blessé, parce qu'ils disent qu'au mesme temps qu'on panse le linge, la blessure se trouve pansée. Tellement qu'il faut que cette emanation admirable, soit en mesme temps aux extremitez & dans les milieux; il faut qu'elle ait des qualitez plus subtiles que les purs esprits; & qu'*elle aille de pair avec la puissance du Createur*; de laquelle il est dit, que *attingit à fine usque ad finem fortiter, & disponit omnia suaviter.* Ou pour le moins, il faut que comme cette sagesse de Dieu envoye par tout les influences des Astres pour le bien universel du monde, afin de donner la vie & la vigueur à toutes choses: de mesme que depuis soixante ans cette mesme sagesse prenne le soin de porter la vertu de la cendre du Vitriol par tout où l'Apologiste & ses Sectateurs auront intention de guerir quelque playe. Et dautant que cette grace extraordinaire suppose un pacte nouveau entre Dieu & les hommes, il suit que le Souverain de l'Univers s'est engagé comme par un Sacrement, de guerir les playes des blessez lors qu'on feroit application de la Poudre de Sympathie sur quelque linge trempé du sang & du pus sorty des blessures : c'est à dire, que Dieu doit s'estre obligé de communiquer les qualitez du Vitriol à la playe du blessé, au mesme moment qu'elle seroit appliquée sur le linge ensanglanté, quelque éloignement qu'il y eust de l'un à l'autre.

L'Auteur ne trouve point cette consequence absurde, au contraire, il semble la confirmer, disant que *Dieu autant sage en ses conduites, que puissant en ses œuvres,* page 38. *& qui a ébauché en la Nature quelque image de ses plus hauts Mysteres, pour nous en faciliter la connoissance, & ayder nostre Foy contre ses Ennemis, a voulu peut-estre faire choix d'un suiet dans cette inferieure region pour y marier les vertus celestes & terrestres, & y conioindre par un lien de sa puissance, les natures spirituelles & corporelles, les subtiles* *avec les grossieres, les actives avec les pesantes, les steriles avec les fecondes, & les viles avec les precieuses, pour nous laisser quelque ombrage ou crayon de l'union hypostatique de la Nature humaine avec la Divine, accomplie au iour miraculeux de l'Incarnation. Et il a choisi le Vitriol universel & Catholique entre tous les individus de la Nature, bien qu'il soit du plus bas genre de cette basse region, & l'a annobly des vertus celestes, pour estre le sujet de ce noble & riche mariage : de mesme que la Divine sagesse voulant s'incarner, & faire ce Chef-d'œuvre de sa toute-puissance, a choisi l'homme tres-vil, tres-abiect, tres-miserable, & la derniere des Creatures intelligentes, & entre tous les hommes Christ, à raison de la plus grande ressemblance de l'homme avec Dieu, &c.* Tout ce discours est de l'Auteur.

Peut-on parler plus hautement

du Vitriol ? luy peut-on assigner une comparaison plus noble, que de le mettre en parallele avec le Mystere de l'Incarnation, & de le comparer à IESVS-CHRIST ? Mais ne faut-il pas avoüer qu'un Auteur, qui s'est oublié iusques à prophaner les choses les plus saintes, pour establir un poinct soupçonné de Magie, & éluder les raisons naturelles qui le détruisent, est tombé dans la derniere des extravagances ? Quand il produiroit des revelations de la part de Dieu ; on auroit peine à croire que depuis soixante ans que la Poudre de Sympathie est inventée, le Vitriol ait receu des vertus celestes, & des influences plus fortes, plus subtiles, & plus efficaces, que celle de tous les Astres ensemble; c'est cependant ce qu'il voudroit qu'on crust sur sa simple parole.

REPONSE A QVELQVES exemples, & à quelques mauvais raiſonnemens de l'Auteur.

CHAPITRE VI.

CE n'eſt pas une chymere & réverie (dit l'Auteur) *de penſer que quelque corps elementaire peut eſtre doüé des qualitez des corps ſuperieurs : l'Aiman qui ſe trouve en la terre que l'on appelle Martial, parce qu'il eſt ſuiet, & dominé par Mars, rayonne & paſſe ſes vertus inviſibles au travers des ais épais, ſolides & opaques ; mettez des ferremens ſur une table & de l'Aiman deſſous, que remuërez de tous coſtez, & vous appercevrez les ferremens qu'avez mis ſur la table, faire les meſmes mouvemens, & de meſme coſté ; D'où l'on doit eſtre perſuadé* 36.

qu'il n'est point ridicule de mettre en avant que dans nostre region elementaire, il s'y peut rencontrer des suiets doüez & enrichis d'une vertu celeste, & revestus d'une nature Astrale. Iusques icy l'Auteur.

Il est vray que cét exemple est considerable, & il ne doit point estre méprisé, puis que S. Aug. au l. 21. de la Cité de Dieu c. 4. le releve encore plus que l'Apologiste, *Nous connoissons* (dit-il) *que l'Aiman attire le fer, & que nonobstant la pesanteur de ce métail, il l'emporte par tout sans difficulté. J'avouë que la premiere fois* (continuë ce Docteur) *que ie vis cette merveille de Nature, ie fus extrémement surpris, parce que i'apperceu un anneau de fer, emporté par une pierre, & suspendu en l'air, sans aucun soustien; & comme si cét anneau eust receu la mesme faculté que l'Aiman, il attira aprés soy un autre anneau, & ce-*

luy-cy encore un autre, & ainsi de plusieurs autres, de sorte qu'il se forma une chaîne admirable de tous ces anneaux attachez ensemble par des liens invisibles.

Mais si cette proprieté Magnetique (poursuit ce Pere) *est remarquable ; celle-cy que i'ay appris de nostre frere Severe Evesque de Milevis, est beaucoup plus surprenante ; car il m'a asseuré qu'estant un iour en la compagnie d'un Seigneur d'Afrique, il mit un ferrement sur une assiette d'argent, & approchant sa pierre d'Aiman par dessous, il fit faire au fer tous les mouvemens qu'il faisoit à sa pierre.* Iusques icy S. Augustin.

Ce dernier exemple, à mon avis, est plus à considerer, que celuy de l'Auteur, qui est que l'Aiman passe sa vertu invisible au travers d'un ais ; car on pourroit répondre, que ce corps, quoy que solide & opaque, est fort poreux, & par consequent facile à penetrer par les influences magnetiques ; mais cette réponse n'a point de lieu pour le regard de l'argent, qui est l'un des corps moins poreux qui soit en la Nature. Il faut donc avoüer, qu'il y a des suiets icy bas qui penetrent & rayonnent leurs vertus invisibles au travers des corps les plus solides ; mais il faut aussi adiouster, pourveu que ces corps soient compris dans la sphere de leur activité : car la pierre d'Aiman qui fera impression sur le fer, qui ne sera separé que par un ais, ne pourra estendre son action sur un autre fer éloigné de dix pas, parce que celui-cy sera hors de la portée de sa vertu. Et si l'Auteur n'avançoit rien de plus estrange de sa poudre, cét exemple pourroit en quelque façon luy servir ; mais il ne se borne pas dans des limites si étroites, il ne veut point d'autres termes que l'estenduë de toute la Nature, & pretend, que son remede peut porter ses influences par tout où le Soleil porte les ſiennes : & par conſequent cét exemple, quoy qu'admirable, ne peut de rien ſervir pour montrer que la vertu du Vitriol pulveriſé eſt naturelle.

D'ailleurs, la difference eſt bien grande, entre l'Aiman & la poudre de l'Auteur ; car celui là eſt une pierre precieuſe, c'eſt à dire un ſuiet noble, que la Nature a enrichy de ſes plus belles qualitez ; & celle là n'eſt que la cendre du plus ignoble des Mineraux ; celui-cy a fait paroiſtre ſa vertu dés l'origine du monde, d'où l'on n'a pû douter, qu'il ne l'ait receuë du Createur ; & celle là eſt un eſtre artificiel inventé depuis ſoixante ans, qui n'a pas cette proprieté de ſa nature, & qui dépend de pluſieurs vaines ceremonies, ſans leſquelles il n'a point plus de vertu, que le Vitriol en maſſe ; & par conſequent la comparaiſon n'eſt pas raiſonnable de l'Aiman à la Poudre de Sympathie, & l'on ne doit point conclure l'innocence de l'un par les effets de l'autre.

Ie m'estonne que l'Auteur passe sous silence une autre proprieté merveilleuse de l'Aiman, & qui pourroit beaucoup plus servir à son sujet, ce me semble, que celle qu'il vient de produire. Car il est certain que cette pierre precieuse a tant de sympathie pour l'Estoille Polaire, qu'elle se tourne, & se dresse toûjours vers le Pole du monde. Il n'y a point de lieux, pour cachez qu'ils soient, comme les cavernes sousterraines, qui puissent empescher cette inclination; & ce qui est de plus remarquable, c'est qu'elle communique sa vertu aux sujets qu'elle aura touchés : Ainsi une aiguille de fer touchée de l'Aiman, se tourne aussi tost vers le Nord, & n'a point de repos iusques à ce qu'elle y soit arrestée & bien dressée. D'où l'on peut, ce semble, tirer quelque avantage pour la Poudre de Sympathie, & conclure que ſon effet eſt naturel, quoy qu'elle le produiſe dans un éloignement de mille lieuës, puis qu'il eſt évident par les effets de l'Aiman, & par ceux de toutes les choſes magnetiques, que la loy de ſympathie n'eſt point empeſchée par la diſtance du lieu, non plus que par l'opacité & ſolidité des corps.

En verité, cette raiſon eſt forte, & comme ce n'eſt point tant la Poudre de Sympathie que i'attaque, que les principes ſuperſtitieux de l'Auteur, i'ay bien voulu prevenir cette objection, pour y répondre en peu de mots: c'eſt à ſçavoir, que ces merveilleux effets ne peuvent partir de la nature de l'Aiman, mais de l'Eſtoille Polaire, qui a la qualité attrayante de cette pierre, comme le Soleil a la vertu de faire tourner l'Heliotrope vers luy, & d'enlever les vapeurs de la terre, & en ſuite de les reſoudre en pluye. Et tout ainſi qu'il ſeroit ridicule d'avancer, que cette fleur qu'on appelle Heliotrope, ou girosol, a la qualité par sa nature de tourner avec l'Astre du iour, ou que les vapeurs d'elles mesmes ont la vertû de s'élever en l'air, sans estre attirées par aucune émanation superieure; Aussi seroit il absurde de dire que l'Aiman a un mouvement vers le Pole, sans estre excité par des influences favorables; ce seroit faire dominer la Terre sur le Ciel, & influër les corps elementaires sur les Astres: il est bien plus raisonnable d'attribuer toute la merveille de ces effets aux parties du Ciel qui avoisinent le Pole, & qui ont la vertu attractiue de cette pierre precieuse.

Que si l'Auteur veut raisonner de la sorte de son remede, & dire que sa poudre a aussi receu du Ciel des vertus extraordinaires; qu'il declare premierement, quel est l'Astre qui luy a communiqué ces rares qualitez, & qu'il nous dise si ces écoulemens celestes sont continuez sans intermission sur ce sujet ; car si ainsi est, l'inclination reciproque de la Poudre de Sympathie sera determinée vers son Astre, & sa vertu ne pourra s'étendre aux autres parties du monde, comme les exemples cy-dessus de l'Aiman & de l'Heliotrope le font voir : de sorte que la guerison des playes ne se pourra faire, à moins que le blessé ne soit dans la ligne directe de l'Astre à la Poudre de Sympathie Que si au contraire les influences ne sont point perpetuelles, c'est un signe évident que sa vertu n'est point celeste, & qu'elle n'a point d'autres qualitez que celles qui luy sont naturelles, & communes au Vitriol en masse, & la comparaison de l'Aiman n'y revient plus.

Mais si les effets de la Poudre de Sympathie ne sont point naturels & innocens, mais diaboliques, qu'on fasse donc voir (dit l'Auteur), ce messager folet qui court la poste pour panser un blessé distant de mille lieuës ? Qu'il montre luy-mesme que sa poudre a une vertu naturelle capable d'un tel effet, par d'autres raisons que celles qu'il a avancées, & qui sont refutées à fōd ; ou bien qu'il ouvre les yeux pour voir avec tous les doctes, que quand une chose produit un effet avec laquelle elle n'a point de connexion naturelle, & que Dieu n'a point promis de luy en donner la force surnaturellement, telle chose est produite par le Demon.

Il ne peut concevoir qu'un lutin spirituel puisse faire un si long voyage en un clin d'œil, & il veut que sa poudre passe sa vertu corporelle par un mouvement local à plus de mille lieuës de distance, contre la nature des corps qui ne peuvent estre naturellement en plusieurs places, & qui sont necessitez de passer par les milieux successivement pour arriver au terme. Le ne dis pas que les Anges ne doivent auſſi paſſer par les milieux, mais ie dis qu'ils peuvent en un clin d'œil faire plus de dix mille lieuës, puis que ſelon les Philoſophes, l'intelligence qui meut le premier mobile, en fait plus de trente mille, d'où vient que Tertullien & Durand ont tenu, que les Anges eſtoient en tous lieux, non pas qu'ils ſoient immenſes, & par tout, à la façon de Dieu par ſubſtance, par preſence & par puiſſance; mais c'eſt qu'ils ont une ſi grande vivacité en leurs operations, qu'ils ſemblent operer par tout au meſme temps. D'où il n'eſt point difficile à comprendre, que pendant que l'Auteur & ſes adherans perdent le temps inutilement à panſer un linge, qui n'a point de mal, & qui n'en peut avoir; le Diable qui s'eſt engagé par un pacte de guerir celuy pour qui ils auront intention, applique ſes remedes ſur la playe du bleſſé: Et à cauſe que l'eſprit malin les a servy quelquesfois à poinct nommé, pour les entretenir dans la superstition, & qu'il a pansé un malade pendant qu'ils pansoient un linge, ils croyent que ce sont leurs drogues appliquées sur le linge qui ont refermé les blessures, & rendu la santé au malade.

Nous avons plusieurs Histoires que les Sorciers, qui ont les Demons à leur solde, pour se venger de leurs ennemis, sur lesquels ils ont quelque droit, envoyent des lutins pour imprimer sur leurs corps, les mesmes maux qu'ils infligent sur d'autres sujets: comme ce Berger, qui pour se venger d'un Soldat qui avoit fait quelque degast dans son troupeau, se mit à frapper sur sa houlette à grands coups de baston, & un folet faisoit à mesme temps ressentir au Soldat la pesanteur du baston, & se sentoit briser les costes par une main invisible, à mesure que le pasteur frappoit sur sa houlette. Pourquoy donc ne dirons nous pas pareillement, que pendant que l'Auteur applique le Vitriol ſur un linge, le Demon applique ſes remedes ſur la playe du bleſſé?

DISCVSSION DE quelques autres exemples de l'Auteur.

CHAPITRE VII.

I*E ne veux point dire ſeulement* 68.
(dit l'Auteur) *que cette merveille ſe fait par la loy de Sympathie, comme ceux qui en ont voulu parler iuſques à preſent, ſans expliquer la façon d'agir de cette loy, n'ouvrant point la porte à l'eſprit pour ſortir de cette obſcurité ; ie deſire paſſer plus avant, & tirer tout à fait le rideau, pour voir la verité à découvert ; A cette fin ie vous prieray de vous repreſenter un homme d'une grandeur ſi pro-*

digieuse, qu'il pourroit toucher le Ciel de sa teste, & de considerer que nonobstant cette hauteur, il y auroit tres-grande sympathie entre les esprits, qui sont aux pieds, & ceux qui resident au cerveau, combien que les esprits vivifians, & agissans exercent diverses fonctions dans les parties du corps, ils sont toutefois symboliques & de mesme nature: & qu'ainsi personne ne peut nier avec raison, que le bien & le mal qui arrivera aux parties inferieures de ce prodigieux geant, ne puisse se communiquer au cerveau par cette loy de sympathie, bien que le cerveau en soit tres-éloigné.

L'on ne peut dénier que cette comparaison ne soit subtile, neanmoins il est facile de répondre, que la cause pourquoy la communication se feroit promptement iusques aux parties extremes, est dautant que les esprits dans tout le corps de ce geant, sont symboliques & de mesme nature, par l'adveu de l'Auteur : Or est-il que les corps milieux entre la Poudre de Sympathie appliquée sur le linge, & le blessé distant de mille lieuës, ne sont point symboliques, ny de mesme nature; & par consequent cette comparaison est nulle.

Une autre raison, c'est que ce prodigieux geant en tout son corps n'auroit qu'une ame sensitive & indivisible, qui s'estendant également par tout, seroit toute en tout, & toute en chaque partie. C'est pourquoy la communication des esprits meus & gouvernez par une mesme ame, se feroit en fort peu de temps, quoy que d'une extremité à l'autre : mais l'on ne peut pas dire que les corps milieux entre la Poudre de Sympathie & le blessé, soient animez d'une mesme ame, qui soit formée de tous ces corps differents ; & ainsi la comparaison cy-dessus ne peut aucunement servir à la iustification de la Poudre de Sympathie.

L'Auteur prevoyant cette ré-
72. ponſe, admet un eſprit univerſel,
il entre dans le ſentiment des Py-
tagoriciens, qui enſeignoient, qu'il
y a une ſubſtance ſpirituelle en la
Nature qui va par tout, qui en-
vironne tout, qui penetre tout, qui
75. anime tout, qui meut tout, qui
compoſe tout, qui vivifie tout, qui
feconde tout, & qui informe tout;
ce que Virgile a fort bien expliqué au liure 6. des Eneïd.

Principio cœlum & terras campoſque liquentes
Lucentemque globum Lunæ Titaniaque aſtra
Spiritus intus alit, totamque infuſa per artus
Mens agitat molem & magno ſe corpore miſcet.
Inde hominum, pecudumque genus vitæque volantum,
Et quæ marmoreo fert monſtra ſub æquore pontus,

Igneus eſt illis vigor & cæleſtis origo.

Et au quatriéme des Georgiques,

Dixere Deum namque ire per omnes
Terraſque tractuſque maris cœlumque profundum.

Si l'Auteur entre dans ce ſentiment, & qu'il le reduiſe dans les bornes de la Foy, qui nous apprend que cet eſprit univerſel eſt Dieu meſme, qui eſt en tout lieu par ſon immenſité ; i'advoüeray avec luy, que comme Auteur de la Nature, il penetre & ſouſtient toutes les creatures ; que comme cauſe premiere, il agit avec toutes les cauſes ſecondes, & que par ſon concours il n'y a point d'eſtre dont il ne ſoit le premier principe. Mais il ne s'agit point de ſçavoir, ſi Dieu eſt un eſprit univerſel qui donne l'eſtre à toutes choſes ; la question eſt de ſçavoir, ſi Dieu comme eſprit univerſel, porte la vertu de la Poudre de Sympathie à mille lieuës de diſtance ? & ſi par ſon concours ordinaire il produit la gueriſon d'un malade pendant que l'Auteur panſe un linge, avec du Vitriol pulveriſé ? c'eſt ce qu'il pretend ſans aucune preuve. Et moy ie ſouſtiens le contraire, & dis, avec tous les Philoſophes, que la cauſe premiere agit avec les ſecondes, ſelon leurs diſpoſitions, que l'Auteur de la Nature opere avec toutes les creatures, ſuivant leur portée ordinaire & naturelle, & qu'il ne paſſe iamais les bornes de leur capacité, que par des miracles ſurnaturels : Ainſi l'on ne dira pas que le feu qui brûle à Paris, échauffe ceux qui ſont à Rome, & que Dieu, comme Auteur de la Nature, éleve l'action de cét element pour produire des effets au de-là de la ſphere de ſon activité. De meſme il eſt ridicule & extravagant

gant d'aſſeurer, que l'eſprit univerſel du monde porte la vertu de la Poudre de Sympathie à mille lieuës de diſtance, pour guerir un bleſſé.

Mais, peut-eſtre, que ie me ſuis trompé, & que l'Auteur n'entend pas que cét eſprit univerſel ſoit Dieu; veu qu'il n'y a pas d'apparence de ſouſtenir de la Divinité ce qu'il advance de cét eſprit: car il dit, que c'eſt un aliment univerſel, dont toutes les choſes du monde viuent & ſe nourriſſent; de ſorte qu'il faudroit que Dieu ſerviſt de nourriture aux metaux, aux mineraux, aux pierres, aux plantes, aux animaux, aux inſectes, & à toutes les plus viles creatures de l'Univers, ce qui eſt impie de penſer. Il dit de plus, *Que cét eſprit exiſte avec les plantes, qu'il a le ſentiment avec les animaux, qu'il chante avec les oyſeaux, qu'il nage avec les poiſſons, qu'il marche*

page 76.

avec les animaux. Et plus bas, *Vous* page 70. *pouvez* (dit-il) *concevoir clairement, que la communication de la vertu de nostre Poudre, se peut faire en un moment par les lignes de cét esprit universel correspondant à tous, & non seulement contigu, mais continu à l'homme, & à toutes les parties de ce grand tout de l'Univers; comme dans un corps le bien & le mal d'une partie se communique à une autre par les esprits du corps.*

Tout ce discours de l'Auteur ne se peut dire de Dieu, puis qu'il est faux d'avancer, que par luy le bien & le mal se communique à tout l'Univers. Et il ne peut pas pretendre que ces termes soient metaphoriques, pour montrer la dépendance des creatures au regard du Createur, & pour signifier le concours perpetuel de la premiere cause avec les secondes ; veu que les metaphores ne doivent pas

avoir lieu dans les expressions pré-
cises, où l'on est obligé de s'expliquer clairement, sur tout lors que
les paroles simples & litterales expriment un erreur; il faut donc que
cet esprit universel dont parle
l'Auteur, soit autre chose que
Dieu. Et puis qu'il dit & repete 77.
plusieurs fois, qu'il informe le monde & toutes ses parties, il est croyable qu'il est tombé dans l'erreur
des Platoniciens, qui tenoient que
le monde est un grand animal, animé d'une ame universelle : ou dans
l'heresie des Almarians, qui disoient
que Dieu est la forme & le principe formel de toutes les creatures.
Mais de quelque costé qu'il se tourne, il ne trouvera iamais d'appuy
pour soustenir ses extravagances :
car quand la fable des Platoniciens,
touchant l'esprit universel du monde, seroit vraye, & que l'heresie
des Almarians trouveroit quelque
croyance parmy les hommes; ia-

mais de ces principes, l'on ne pourroit iustifier les effets qu'on attribuë au Vitriol pulverisé, qui sont manifestement contre l'ordre de la nature.

Quand il advance qu'entre tout
72. l'Univers & toutes ses parties, il n'y a pas une moindre liaison & sympathie, qu'entre un corps animal & ses parties : il le faut renvoyer à l'Escole, pour apprendre à distinguer les parties integrantes & accidentelles : car on luy advouëra, que les integrantes, telles que sont les Cieux, les Astres, les Elemens, & toutes les causes universelles, ont une conionction ensemble, & que celles-là ne peuvent recevoir aucune alteration, sans que toute la nature s'en ressente ; mais pour ce qui est des parties accidentelles, telles que sont les individus de chaque espece, qui meurent & qui naissent sans dommage de l'Univers, elles n'ont pas plus

de liaiſon avec les parties integrantes du monde, que les poils d'un corps humain avec les parties qui le compoſent : Et comme on ne peut pas dire, que quand on coupe le poil du pied à quelqu'un, ou qu'on luy rogne les ongles, les eſprits animaux diffus en tout le corps, viennent pour ſecourir ce poil coupé ; de meſme quand quelque individu de la Nature humaine, eſt bleſſé ou mis à mort, les parties integrantes du monde ne s'intereſſent point pour ſa cauſe, & ne ſe mettent point en peine de porter la vertu de la Poudre de Sympathie à mille lieuës de diſtance. Et par conſequent il faut que ce ſoit un folet qui produiſe cette cure.

LES RAISONS POUR LA Poudre de Sympathie.

CHAPITRE VIII.

APrés avoir détruit les principes superstitieux de l'Auteur, il est temps de tourner la medaille, de faire voir la Poudre de Sympathie sous un autre regard, & d'apporter des raisons en sa faveur, non pas pour la rendre victorieuse, veu qu'il n'y en a pas une qui concluë positivement son innocence, & qui fasse voir que ses effets soient naturels ; mais seulement qu'il y a plusieurs choses en la Nature qui surprennent les esprits, qui les ravissent d'admiration, & qui ne peuvent estre attribuées qu'à la sympathie.

En premier lieu, c'est sans doute qu'il sort de tous les corps des especes continuelles qui se communiquent selon l'étenduë de la sphere de leur activité, comme il se void par les miroirs où les figures des obiets sont imprimées; Et non seulement l'experience nous apprend, que les corps separez peuvent faire impression l'vn sur l'autre, ainsi que fait l'Aiman mesme au travers d'un corps solide; mais de plus, qu'aprés l'emission des rayons, ou esprits animaux, il se produit un autre effet par reflexion sur eux mesmes, comme fait la voix, qui rencontrant un suiet propre, rapporte à celuy qui l'a envoyé, le mesme son à ses oreilles. Et les rayons visuels sortans de nos yeux se rapportent aussi par reflexion l'image de leur obiet, d'où il arrive encore cette merveille, qu'ayant quelque mal ils le communique à ceux qu'ils regardent; & ces esprits sont quelquefois si puissans, qu'ils se font ressentir iusques au cœur. Ceux qui ſortent des yeux de la tortuë ſont auſſi une emanation bien admirable, puis que la ſubtilité de leur chaleur eſt ſuffiſante pour faire éclore les œufs. Les effets prodigieux que produiſent les corps par leurs influences ſympathiques, ſont encore plus à remarquer, eſtant auſſi le ſuiet principal qui peut faire concevoir comme la Poudre de Sympathie opere en la guериſon des playes. Ceux qui examinent ſoigneuſement les cauſes & les effets de la Nature, admirent la ſympathie du vin avec la vigne qui le produit, car quelque éloigné qu'il en ſoit, il reſſent les meſmes changemens dans ſon tonneau, que le cep dont il eſt ſorty, reçoit en ſon lieu naturel, il boult & fleurit dans ſon muid, quand la vigne fleurit ſur ſon pied. Les chairs des Sangliers experimentent auſſi dans leur ſaloir de l'alteration, lors que celles de leur espece sont en rut ou porchaison. D'où l'on ne doit point trouver étrange, si le sang ou l'humeur qui sort d'un corps vivant par une playe, emportant avec soy les esprits animaux, a encore de la sympathie avec le sujet d'où elle est sortie, par la communication reciproque de leurs esprits; mais principalement par l'instinct de celuy qui est separé de son origine, comme les Rivieres qui retournent incessamment vers la Mer; & pour en parler avec plus de vray-semblance, comme le Serpent de qui vous aurez separé la queuë, qui tâche toûjours de se rejoindre à son tout, conservant sa vie, iusques à ce que ses esprits naturels soient entierement éteints. Et il faut observer dans cét exemple, que les esprits resident principalement dans le sang, duquel ils sont composez. Ainsi revenant à nostre poudre, dont l'application se fait ſur le ſang, elle produit ſon effet en la playe par cette communication ſympathique ; & par le mouvement naturel de ces eſprits vers leur ſource, comme eſt celuy qu'a l'Aiman à ſon Pole, ou au lieu de ſon origine. Et ſi l'on s'imagine que ces eſprits animaux ſe ſeparent du ſang, auſſi-toſt qu'il eſt ſorty du corps ; l'exemple allegué montre le contraire, & il eſt certain qu'ils ſe retirent plutoſt centralement en leur ſujet, que de s'en évaporer : leur ſouſtien eſtant en la partie du ſel, & non du Mercure ; auſſi le ſang qui en eſt remply a plus d'humeur ſallée, que tout autre.

C'eſt en ce ſujet particulierement, que l'exemple des marques qui arrivent aux Enfans par l'imagination des Meres, eſt tres-conſiderable ; car à vray dire, cette imagination ne peut faire aucune impreſſion ſur un ſujet, qu'il n'intervienne quelque moyen pour l'y appliquer, n'y ayant ny Magie, ny Demon qui le puiſſe faire autrement: veu qu'il n'appartient qu'à la ſeule toute-puiſſance de Dieu d'agir ſans aucune cauſe intervenante; partant il faut concevoir, que c'eſt par le moyen de l'émanation des eſprits qui ſont pouſſez avec violence par l'appetit extréme de cette femme, & leſquels rapportent le caractere du fruict deſiré, & ne trouvant la diſpoſition requiſe au corps de la femme, paſſent à celuy de l'enfant mieux diſpoſé dans ce commencement de croiſſance, pour recevoir cette impreſſion, ainſi que j'ay fait voir au Traité des Taliſmans. Et de-là ſuit un autre effet, dans lequel la ſympathie paroiſt admirable, c'eſt que la ſaiſon de la maturité du fruit qui a eſté envié, eſtant arrivée, auſſi-toſt vous voyez que cette ceriſe, cette fraize, ou ce vin ſe ranime dans l'impreſſion qu'il aura faite de ſa figure ſur l'enfant, & cetre vivacité se passe aussi tost que le fruit est passé.

Il faut encore sçavoir, que cette poudre entre plusieurs proprietez merveilleuses, a celle-cy, qu'elle conserve les esprits aux sujets où elle s'est iointe, comme fait le sel commun aux chairs qui en sont salées, dont il empesche la corruption; de sorte que par une emanation sympathique, elle communique si puissamment à la playe cette vertu desiccative des mauvaises humeurs, & mesme un secours d'esprits pour reparer ceux qui pourroient estre perdus par la solution de continuité, que la Nature ne trouvant rien à dire pour faire la guerison, elle-mesme remedie à l'inconvenient qui luy est arrivé; les Chirurgiens ne doutans point, que tous les medicamens ne servent qu'à oster ou empescher la corruption d'une playe, & à rétablir les esprits animaux, puis que la Nature fait tout le reste pour sa guerison. Comme quoy donc peut-on douter de l'émanation des esprits, & mesme par la communication des choses réelles & applicatives, dont la Nature se sert pour la guerison des playes, par le moyen de cette Poudre de Sympathie, où les effets se voyent (ce semble) manifestement naturels, en ce que si vous ne la preparez bien dans une parfaite siccité, & par la voye du Soleil; ou que vous ne la conserviez soigneusement dans le temperament qu'il luy faut, elle ne fait aucune operation. Aussi voyōs-nous que la playe reçoit plus ou moins de chaleur, & le patient plus ou moins de soulagement, selon que vous tenez vos emplastres en des lieux chauds, secs, ou humides.

Il est donc facile à concevoir beaucoup de raisons dans l'usage de la Poudre de Sympathie, & de ſon application ſur le ſang ſeparé du corps, où il y reſide encore des eſprits animaux, par leſquels ſe peut communiquer l'effet de l'application, ces eſprits voulans retourner à leurs ſources, par ce mouvement naturel de rejoindre leur principe. Et par conſequent il y a quelque leger fondement de douter de la vertu de la Poudre de Sympathie, & de ſuſpendre ſa condamnation, en attendant que l'Egliſe ait prononcé.

SCAVOIR SI PAR LA loy de Sympathie les perſonnes éloignées ſe peuvent communiquer.

CHAPITRE IX.

L'Auteur termine ſon Traité de la Poudre de Sympathie, par un ſerment, & ſçachant que ſes raisons ne sont pas assez fortes pour persuader les esprits, il employe ce dernier moyen, dont on se sert en Iustice quand on n'a point d'autres preuves.

Ie vous puis asseurer avec serment (dit-il) *que si nous connoissions ce don de Dieu, & la science sympathique, nous estonnerions toute la Terre, par mille effets prodigieux, nous connoistrions par experience, que deux personnes éloignées se pourroient, peut estre, communiquer, quand ils voudroient par quelque façon secrette & merveilleuse, sans art magique, & par des voyes purement naturelles, nous découvririons combien est grande l'ignorance parmy les hommes, que d'attribuer à la Magie les plus faciles productions de la Nature.* page 85.

En verité l'Auteur produiroit un grand bien à la Republique, *s'il pouvoit establir un commerce* entre les amis absens, & donner l'invention aux personnes éloignées de se communiquer, en sorte que ceux qui sont à Rome puissent converser par esprit avec ceux qui sont à Paris,

Ie sçay que nous avons encore cét avantage, que nous pouvons communiquer avec les Bien heureux, & leur parler quand bon nous semble, quoy qu'ils soient tres éloignez de nous; & souvent ils nous répondent par les bonnes inspirations, & par les graces qu'ils nous obtiennent de leur Souverain. Et la raison de ce commerce, est tirée d'un principe appuyé sur la Foy: c'est à sçavoir, que l'Essence Divine, dont les Esprits immortels ioüissent par la vision beatifique, represente toutes les creatures: c'est un miroir uniforme, dit le Concile de Sens, dans lequel les Bien-heureux voyent tout ce qui se passe au Ciel & en la Terre. Et

S. Gregoire parlant des eſprits immortels. *Quid eſt quod non videant qui videntem omnia vident?* Que pourroient-ils ignorer, ayant devant les yeux celuy qui void tout, qui ſçait tout & qui connoiſt tout? Donc les Bien-heureux en contemplant la Divinité, cõnoiſſent tous les bons ſentimens que nous avons de leurs merites, & entendent toutes les pieuſes paroles que nous leur adreſſons. Mais cette façon de parler qui ſuppoſe la viſion beatifique, n'a iamais eſté entre les hommes, & les hommes vivans ſur la terre. Il faut donc chercher d'autres moyens s'il s'en peut trouver.

L'ame du mauvais riche bruſlant dans les Enfers, adreſſa ſa requeſte à l'ame d'Abraham qui eſtoit fort eſloignée, & ces deux ames s'entreparlerent, nonobſtant la diſtance du lieu, par une ſeule direction de penſées à la façon des Anges. Mais ce langage des eſprits ne peut conuenir aux substances corporelles, tels que sont les hommes ; nous cherchons icy sçavoir si les mortels Pelerins de cette vie se peuvent entreparler estans esloignez l'vn de l'autre.

Nous trouvons au l. 4. des Rois c. 5. que le Prophete Elisée vit son serviteur Giezi recevoir des dons & de l'argent de Naaman, quoy qu'il fût éloigné, & ce Prophete declare luy mesme qu'il estoit present d'esprit. *Nonne cor meum tecum ibat, & cognovi quod conversus est vir de curru suo in obviam tibi, & accepisti pecuniam?* S. Augustin cite ce passage tiré des Septante au l. 22. de la Cité de Dieu c. 29.

Aug. de cura agenda pro mortuis c. 11.

Nous trouvons que le mesme saint Augustin estant à Milan, communiqua avec Eulogius son Disciple qui enseignoit pour lors la Rhetorique à Cartage, qu'il luy expliqua vn passage de Ciceron fort difficile, dont Eulogius fit part à ses Auditeurs.

Valere Maxime l. 1. c. 5. rapporte à ce propos vn exemple fort notable de deux Arcades, qui faiſans voyage, arriuerent tous deux à la ville de Megare, mais ils furent contraints de ſe ſeparer pour le giſte, car l'vn alla loger chez vn Bourgeois de ſa connoiſſance, & l'autre dans vne hoſtellerie qui eſtoit vn vray coupe gorge. Enuiron le minuit celuy qui s'eſtoit retiré chez ſon amy, receut tout à coup vne eſpece dans ſon imagination qui luy ſignifioit diſtinctement que ſon compagnon eſtoit en peril de mort, & qu'il le prioit de venir promptement au cabaret le ſecourir contre le Tauernier qui le vouloit aſſaſſiner: Celuicy ayant cette image viuement imprimée dans la fantaiſie, ſort de la maiſon de ſon amy, & va droit à l'hoſtellerie, où ſon compagnon eſtoit logé, mais eſtant arriué à la porte, & n'entendant aucun bruit à cauſe que le lieu où ſe faiſoit le maſſacre, eſtoit fort écarté, il s'en retourna ſans rien faire; penſant avoir eſté trompé en cette impreſſion. Quelque temps apres il reçoit vne autre eſpece qui luy repreſentoit ſon compagnon aſſaſſiné, & qui le prioit de venger ſa mort, puis qu'il avoit negligé de defendre ſa vie, qu'il trouveroit le meurtrier à la porte de la ville, conduiſant vne charette chargée de fumier, dans laquelle eſtoit ſon corps tronçonné. Il ſort derechef, & court au lieu deſigné. il trouve la verité de ſon impreſſion, fait honorablement inhumer le corps de ſon compagnon, & ſupplicier le meurtrier.

Un Gentilhomme Allemand appellé Everardus, du temps d'Innocent troiſieſme, communiqua par eſprit avec un ſien amy éloigné plus de cent lieuës; ils traiterent enſemble de pluſieurs affaires, s'engagerent par ſerment l'vn à l'autre de tenir fidelement ce qu'ils avoient promis, & le tout fut trouvé veritable & réel, comme s'ils eussent esté presens de corps aussi bien qu'ils l'estoient d'esprit.

Pline liu. 7. & Vives aprés luy, au Commentaire sur le chapitre 20. du l. 14. de la Cité de Dieu, témoignent que l'ame de *Hermotimus Clazomenius* sortoit souvent de son corps pour se transporter en des Provinces éloignées, dont elle rapportoit de certaines nouvelles.

De tous ces exemples, il est évident que l'on peut se communiquer par pensées, nonobstant l'absence corporelle : mais d'en sçavoir les moyens, c'est la difficulté. S. Augustin qui reconnoist avoir parlé à Eulogius par pensée, ne sçait comme cela s'est pû faire; & ce n'est pas à nous de chercher la lumiere où un si grand personnage ne voit goute. L'Auteur qui promet d'en parler quelque iour, devroit se declarer presentement, sans craindre qu'il en arrivaſt aucun mal, s'il eſt vray que ſon moyen ſoit innocent & naturel.

Pour moy ie croy que tels effets ſont produits d'ordinaire par le ſecours des Anges bons ou mauvais, qui font impreſſion en la fantaiſie, des objets abſens, & les rendent virtuellement preſents. Car c'eſt ainſi que S. Nicolas eſtant à Myre parla à un Marchand de Sicile, & luy perſuada de paſſer en Licie avec ſes vaiſſeaux chargez d bled, pour ſecourir cette Province affligée de famine. C'eſt ainſi que le meſme S. Nicolas eſtant en ſon logis Epiſcopal, ſe preſenta à l'Empereur Conſtantin pour la delivrance de trois Seigneurs priſonniers & condamnez à la mort : c'eſt de cette meſme façon que S. Auguſtin parla à Eulogius, puis qu'il dit que ce n'eſtoit point luy proprement, mais ſon image.

Que ſi les bons Anges rendent

ces pieux offices aux ſerviteurs de Dieu, il eſt ſans doute que les Demons en peuvent faire de meſme en faveur de leurs ſuppoſts, ces prodiges n'excedans point leurs forces naturelles ; & les Sorciers qui vont au Sabat par imagination ſeulement, convainquent que les Anges de tenebres impriment en leurs fantaiſies les images des obiets abſents ; car par ce moyen ils ſçavent toutes les perſonnes qui y ont aſſiſté, tout ce qu'on y a fait, & tout ce qu'on y a dit ; comme auſſi eux-meſmes traitent de leurs affaires avec les autres, & quoy qu'ils ne bougent de leur lict, ils ne laiſſent point de commettre des crimes enormes dans les aſſemblées diaboliques où ils ne ſont point en perſonnes C'eſt ainſi qu'Apollonius Tyaneus eſtant à Epheſe, preſchant le peuple, vit tuer l'Empereur Domitian à Rome ; c'eſt ainſi que les Magiciennes, dont il est parlé au chapitre *Episcopi*, faisoient voyage par tout le monde avec Diane & Herodias, sans pour cela sortir de leur lict, le Demon possedant leur imaginative, & y produisant les especes de toutes sortes d'objets.

Il est donc vray que les Anges bons & mauvais, peuvent nous faire converser par pensée, ou plutost par imagination, avec les amis absents, & traiter avec eux de toutes sortes d'affaires. Mais ce moyen n'est pas en nostre disposition, c'est une faveur du Ciel pour le regard des serviteurs de Dieu, & un effet diabolique pour le regard des Sorciers,

Quelques Mathematiciens ont voulu dire, qu'on se pouvoit communiquer par l'aspect des Astres, qui sont comme des miroirs, dans lesquels les images des obiets absens sont exprimez, & tout ainsi que regardant dans un bassin plein d'eau, d'eau, ou dans le cryſtal d'une fontaine, nous voyons les Cieux marcher au deſſus de nos teſtes, nous obſervons les mouvemens des Aſtres & des Planetes ; de meſme pouvons-nous voir dans les clairs miroirs des Cieux, ce qui ſe paſſe ſur la terre.

Mais ce moyen ne peut ſortir ſon effet, à moins de treuver l'invention d'approcher les Aſtres de noſtre faculté viſive, tout ainſi que nous approchons des fontaines & des baſſins pleins d'eau. Et cela ſuppoſé, il y auroit encore ſujet de croire, qu'ils ne pourroient exprimer diſtinctement les individus de chaque eſpece, comme Pierre & Paul ; ce qui pourtant eſt abſolument neceſſaire pour le commerce, & pour traiter des affaires.

Mais c'eſt perdre le temps, d'inventer les moyens dont on ſe pourroit communiquer, l'Auteur le determine à la loy de Sympathie, &

son secret sera trouvé, si l'on peut frire voir que par cette loy, les personnes éloignées peuvent traiter ensemble de leurs affaires : Nous avons déja produit quelques effets prodigieux de la Sympathie dans le Chapitre precedent ; il faut adiouster icy, que c'est par cette loy que les Astres ont commerce naturel entr'eux, que c'est par cette loy que les Planetes se regardans diversement, causent la diversité des tẽps que nous experimentons icy bas ; que c'est par cette loy que l'Ayman incline tousiours vers son Pole ; que c'est par cette mesme loy qu'il attire le fer à soy ; & pour descendre plus en particulier à nostre propos, que c'est par cette loy que plusieurs familles illustres, au rapport de Maiolus, ont connoissance asseurée des adventures signalées, soit favorables ou funestes, qui arrivent aux particuliers de la race, quand ils seroient éloignés plus de mille lieuës.

Il n'y a pas iuſques aux moindres animaux, qui ne reſſentent les effets merveilleux de la Sympathie; il y a des Chiens qui connoiſſent les deſaſtres qui arrivent à leurs Maiſtres abſents: Les Abeilles meurent, lors que le pere de famille vient à mourir, à moins qu'on ne les tranſporte promptement hors de ſes appartenances. D'où il s'enſuit, que les corps éloignez peuvent faire impreſſion les uns ſur les autres par ſympathie. Mais nous demandons icy davantage, ſçavoir ſi par ces communications ſympathiques l'on peut entretenir le commerce avec les Amis abſens; ce qui ne ſe peut faire que par le moyen des eſpeces, qui ſont les vicaires des obiets: car pour traiter avec une perſonne & ſçavoir ce qu'elle deſire, ou en quel eſtat elle eſt, il faut qu'elle ſoit preſente, ou réellement par ſoy-meſme, ou virtuellement par une image, representant ce qu'elle dit ou veut dire, ce qu'elle fait ou veut faire, & ce qu'elle desire. Il faudroit donc que les sujets envoyassent leurs especes aux lieux éloignez & distans par plusieurs corps opaques, & que ces images penetrassent les corps les plus solides : ce qui est absolument contre leur nature, & par consequent il est impossible que les personnes éloignées se puissent communiquer naturellement par la loy de Sympathie. Et ie croy que l'Auteur ne peut faire ce qu'il promet, non plus que Plotinus, qui a tombé autrefois dans de semblables extravagances à sa confusion.

CONCLVSION.

APres cette diſcuſſion de la Poudre de Sympathie, ie tiens qu'il y a iuſte raiſon de la condamner, comme ſuperſtitieuſe; ou au moins de ſuſpendre ſon eſprit, & de la ſoupçonner de Magie; car quoy qu'il y ait quelque raiſon qui faſſe connoiſtre qu'il ſe trouue pluſieurs effets en la Nature, où la Sympathie eſt admirable, l'on n'en peut pourtant concluſe qu'une poſſibilité douteuſe, veu qu'il n'y a aucune choſe, qui montre que la gueriſon des playes vienne de ce remede, par une conionction de l'agent avec le patient, ou par une connexion de la cauſe avec l'effet: mais ſeulement que la loy de Sympathie agiſſante par des moyens ſuperieurs, & qui ſont au deſſus de la portée de nos raiſons, l'on ne doit pas condamner les operations surprenantes, du Vitriol reduit en poudre, quoy que nous ne les puissions comprendre; se pouvant faire que ses effets soient produits par cette loy de Sympathie.

Voila tout ce que la subtilité de l'esprit humain enclin à la superstition, peut produire d'avantageux pour ce remede; au lieu que les raisons contraires concluënt positivement, que ses effets estant contre les loix de la Nature, ausquelles la sympathie mesme est assujettie, ne peuvent estre produits que par l'esprit malin.

C'est la maxime de S. Augustin, & qu'il inspire à tous les fideles, de rapporter au Demon les choses surprenantes, & de ne pas croire legerement ce que les Prophanes vantent de leurs prodiges. Sans doute, si ce grand Docteur estoit aujourd'huy au monde, il passeroit dans l'esprit de l'Apologiste pour un aveuglé Cenſeur, pour un ignorant preſomptueux, qui à la façon de ces oiſeaux nocturnes, ne pourroit ſupporter la clarté d'un beau iour; car il eſtoit ſi retenu à donner ſon avis ſur les effets extraordinaires, que quoy qu'il en euſt trouvé la cauſe en la Nature, il ne laiſſoit pas de les ſoupçonner de Magie, comme il paroiſt au liu. 21. de la Cité de Dieu ch. 6. où aprés avoir reconnu que la pierre appellée *Asbeſtus*, eſt inextinguible, & qu'elle a la vertu d'entretenir un feu perpetuel, ſans que iamais l'activité de cét element la puiſſe conſumer, & que par ce moyen les Anciens pouvoient perpetuer leurs lampes; neanmoins ne s'arreſtant point à cette experience naturelle, il laiſſe en doute de quelle cauſe eſtoient produits ces effets, ſçavoir ſi de l'induſtrie des hommes, ou de l'artifice du Diable, ſçavoir, ſi par la vertu de la pierre *Aſbeſtus*, ou par l'operation du malin eſprit.

L'on ne peut pas douter que ce grand personnage (outre les lumieres de la grace) n'ait esté plus éclairé dans la Philosophie, & qu'il n'ait mieux connu le pouvoir de la Nature, que tous les Philosophes de ce Siecle; cependant au lieu de prendre son party, en luy attribuant des effets prodigieux, & extraordinaires, il se meffie mesme de ses operations éprouvées par une longue experience, & sçachant que l'ennemy de nostre salut fait glisser son venin sous l'apparence du bien, & qu'il se sert des creatures pour nous faire tomber dans la superstition; il veut qu'on doute de toutes les choses extraordinaires & prodigieuses, & que l'on craigne que le Demon ne soit auteur de ce qu'on peut croire raisonnablement estre produit par les causes naturelles. D'où l'on doit iuger combien il auroit esté contraire à la Poudre de Sympathie, si elle eust esté en vogue de ſon temps. Pour moy i'entre dans ſon ſentiment, & ie dis au moins de ce remede dangereux, ce que ce Pere a enſeigné de ces lampes perpetuelles des Anciens.

Aut ergo in lucernâ illâ mechanicum aliquid de lapide Asbeſto ars humana molita eſt, aut arte magicâ factum eſt, quod homines illo mirarentur in templo, aut Dæmon quiſpiam ſub nomine Veneris, tantâ ſe efficaciâ præſentavit, ut hoc ibi prodigium & appareret hominibus, & diutius permaneret. Illiciuntur autem Dæmones ad inhabitandum per creaturas, quas non ipſi ſed Deus condidit, delectabilibus pro ſuâ diverſitate diverſis, non ut animalia cibis, ſed ut ſpiritus ſignis: quæ cuiuſque delectationi congruunt per diverſa genera lapidum, herbarum, lignorum, animalium, carminum, rituum. Vt autem illiciantur ab hominibus, prius eos ipſi aſtutiſſimâ calliditate ſedu-

cunt, vel inspirando eorum cordibus virus occultum, vel etiam fallacibus amicitiis apparendo, eorumque paucos discipulos suos faciunt, plurimorumque doctores. Neque enim potuit nisi primum ipsis docentibus disci quid quisque illorum appetat, quid exhorreat, quo invitetur nomine, quo cogatur; unde magicæ artes earumque artifices extiterunt. Maximè autem possident corda mortalium, qua potissimum possessione gloriantur; cum se transfigurant in Angelos lucis; Sunt ergo facta eorum plurima, quæ quanto magis mirabilia confitemur, tanto cautiùs vitare debemus.

FIN.

IE soûmets ces Ecrits, toutes les pensées, & toutes les paroles, à la censure de nostre Mere sainte Eglise, de laquelle ie desire vivre & mourir tres obeïssant fils.

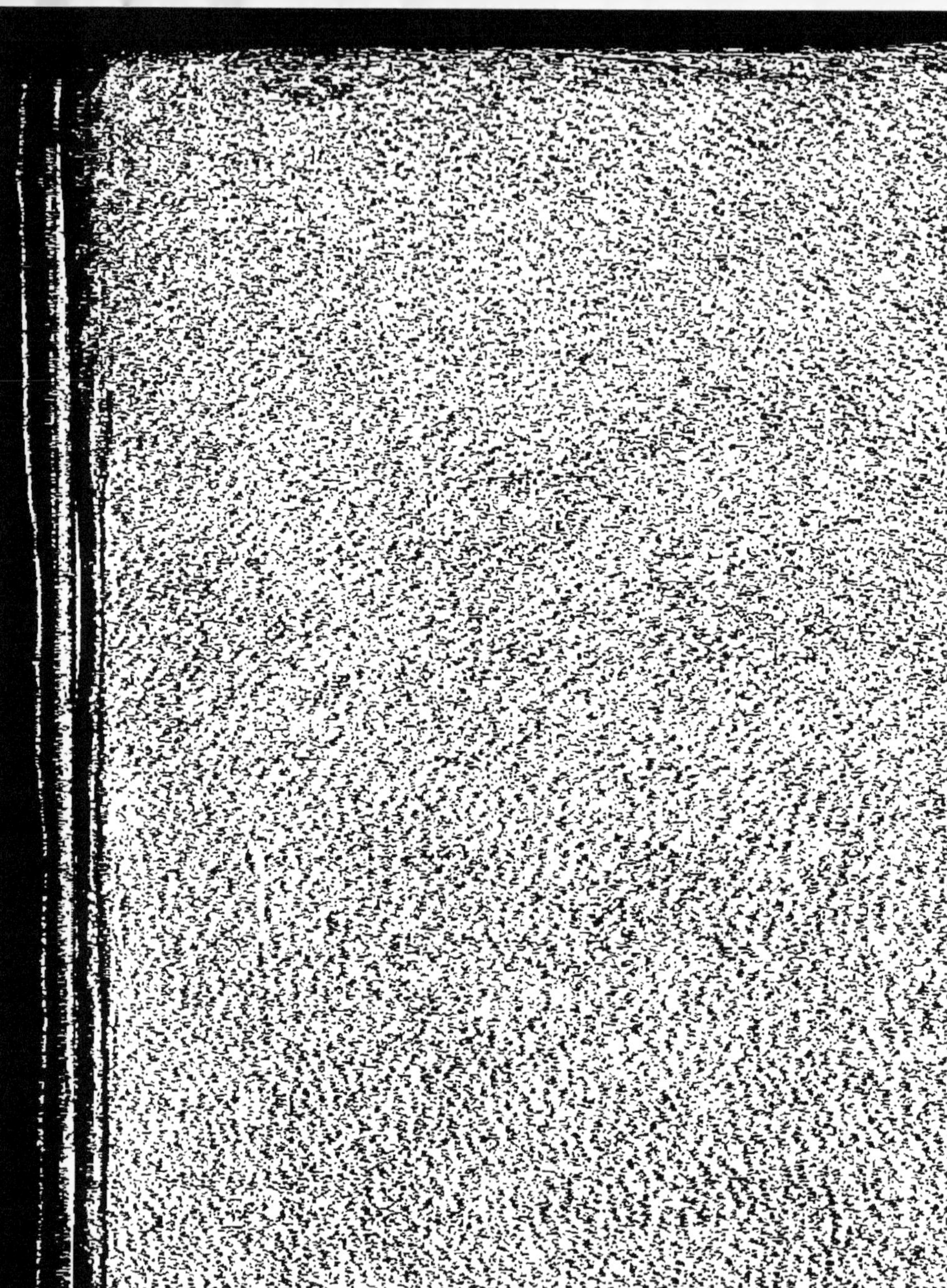